KURZE EINFÜHRUNGEN
IN DIE GERMANISTISCHE LINGUISTIK

Band 26

Herausgegeben von
Jörg Meibauer
und
Markus Steinbach

JULIANE SCHRÖTER

Linguistische Argumentations-analyse

Universitätsverlag
WINTER
Heidelberg

Bibliografische Information der Deutschen Nationalbibliothek
Die Deutsche Nationalbibliothek verzeichnet diese Publikation
in der Deutschen Nationalbibliografie;
detaillierte bibliografische Daten sind im Internet
über *http://dnb.d-nb.de* abrufbar.

ISBN 978-3-8253-4839-7

Dieses Werk einschließlich aller seiner Teile ist urheberrechtlich geschützt.
Jede Verwertung außerhalb der engen Grenzen des Urheberrechtsgesetzes
ist ohne Zustimmung des Verlages unzulässig und strafbar. Das gilt insbesondere für Vervielfältigungen, Übersetzungen, Mikroverfilmungen
und die Einspeicherung und Verarbeitung in elektronischen Systemen.

© 2021 Universitätsverlag Winter GmbH Heidelberg
Imprimé en Allemagne · Printed in Germany
Druck: Memminger MedienCentrum, 87700 Memmingen

Gedruckt auf umweltfreundlichem, chlorfrei gebleichtem
und alterungsbeständigem Papier.

Den Verlag erreichen Sie im Internet unter:
www.winter-verlag.de

www.kegli-online.de

Vorwort

Dieses Buch ist eine Einführung in die linguistische Argumentationsanalyse. Sein Ziel ist es, die notwendigen Kenntnisse für linguistische Analysen von Argumentationen zu vermitteln. Das bedeutet dreierlei:

- Das Buch richtet sich an Personen, die keine oder nur wenig Vorkenntnisse in der Analyse von Argumentationen haben. Es ist ebenso für Studierende der germanistischen Linguistik und der angrenzenden Fächer gedacht wie für andere Menschen, die sich aus beruflichen oder privaten Gründen dafür interessieren, Argumentationen aus dem wirklichen Leben zu analysieren.
- Das Buch ist weder eine Einführung in die Argumentationstheorie noch ein Argumentationsratgeber. Es stellt keine historischen oder zeitgenössischen Ansätze des Nachdenkens über Argumentationen vor. Es präsentiert vielmehr ein kohärentes Modell von Analysebegriffen und -schritten, mit denen man Argumentationen aus ganz unterschiedlichen Lebensbereichen umfassend untersuchen kann. Auch gibt das Buch keine Tipps dafür, wie man in der Praxis überzeugender oder erfolgreicher argumentiert. Allerdings ist die Fähigkeit, Argumentationen zu analysieren, natürlich eine Voraussetzung für deren Verbesserung in der Praxis. Insofern hat das Buch indirekte Anwendungsbezüge.
- Das Buch betrachtet Argumentationen aus der Perspektive der Linguistik, nicht etwa der Logik, Rhetorik, Pädagogik oder einer anderen Disziplin, die sich ebenfalls damit beschäftigt. Es interessiert sich folglich dafür, ‚echte' Argumentationen aus Texten, Gesprächen und Diskursen empirisch zu beschreiben und funktional zu deuten. Dabei gilt den sprachlichen Formulierungen besondere Aufmerksamkeit. Zur Analyse werden auch linguistische Kategorien fruchtbar gemacht, die nicht zur Analyse von Argumentationen, sondern zu anderen Zwecken entwickelt worden sind.

Die acht Kapitel dieses Buches stellen die verschiedenen obligatorischen und optionalen Schritte und zugehörigen Begriffe vor, die das hier vorgeschlagene Modell der linguistischen Argumentationsanalyse vorsieht. Kapitel 1 „Grundlagen" erläutert die wichtigsten Begriffe wie *Argumentation, Argument* und *Prämisse.* Es zeigt zudem, woran man Argumentationen identifizieren kann, wie man also erkennen kann, ob überhaupt eine Argumentation vorliegt oder nicht. Kapitel 2 „Strukturen" erklärt, wie sich die Struktur von Argumentationen erschließen lässt, das heißt, wie sich deren Aufbau nachvollziehen lässt. Das ist oft gar nicht so einfach, zugleich aber ausgesprochen bedeutsam für die weiteren Analysen. Deshalb ist Kapitel 2 besonders ausführlich. Kapitel 3 „Schemata" präsentiert eine Typologie von Argumentationsschemata; dabei handelt es sich um abstrakte Schlussmuster, denen sich die konkreten argumentativen Schlüsse von Argumentationen zuordnen lassen. Bis und mit Kapitel 3 werden obligatorische Analyseschritte vorgestellt, die in jeder Argumentationsanalyse notwendig sind. Mit Kapitel 4 beginnt dann die Einführung in optionale Analyseschritte, die man je nach dem eigenen Untersuchungsinteresse gehen kann, aber nicht muss. Kapitel 4 „Inhaltliche Muster" zeigt auf, wie man inhaltliche Gemeinsamkeiten zwischen mehreren Argumentationen ermitteln kann. Kapitel 5 „Beziehungsgestaltung" demonstriert Möglichkeiten, Argumentationen mit Blick auf die Beziehung zwischen den beteiligten Personen zu analysieren. Kapitel 6 „Kontexte" erklärt, wie man verschiedene Aspekte aus den Zusammenhängen untersuchen kann, in denen Argumentationen stehen: Es erläutert, wie sich Argumentationen multimodal beschreiben lassen. Es erörtert auch, wie sich Argumentationen im Zusammenspiel mit anderen Praktiken, Argumentationen in Textsorten und Argumentationen in Diskursen untersuchen lassen. Kapitel 7 „Bewertungen" schließlich diskutiert, wie man Argumentationen kritisch beurteilen kann, bevor Kapitel 8 „Ausblick" zum Abschluss auf Möglichkeiten der digitalen Argumentationsanalyse zu sprechen kommt.

Viele Beispiele, die in diesem Buch vorkommen, sind aus dem wirklichen Leben gegriffen. Wenn gelegentlich erfundene Beispiele verwendet werden, weil sie besser verständlich sind, sind sie an nicht-erfundene Beispiele angelehnt. Die Beispiele werden im Laufe des Buches komplexer, weil die Analyseschritte, die an den Beispielen veranschaulicht werden, ebenfalls komplexer und voraussetzungsreicher werden. In den Beispielen kommen auch Positionen zum Ausdruck, die die Verfassende nicht teilt.

Das Buch enthält zudem zahlreiche Übungsaufgaben. Lösungsvorschläge dafür finden Sie auf der KEGLI-Website (http://www.kegli-online.de/).

Ich danke den beiden Herausgebern der Reihe, Jörg Meibauer und Markus Steinbach, für die exzellente Betreuung des Bandes. Benjamin Abt, Jennifer Dieter und Anna Pfäffle danke ich für ihre Korrekturhinweise.

Inhaltsverzeichnis

1. Grundlagen 1
1.1 Argumentationen und ihre Bedeutung 1
1.2 Kernelemente argumentativer Schlüsse 4
1.3 Identifikation von Argumentationen 6
1.4 Zusammenfassung 8

2. Strukturen 9
2.1 Makrostruktur von Argumentationen 9
2.2 Mikrostruktur von Argumentationen 13
2.3 Rekonstruktion von Strukturen 17
2.4 Explizites in Argumentationen 21
2.5 Implizites in Argumentationen 26
2.6 Zusammenfassung 30

3. Schemata 32
3.1 Argumentationsschemata 33
3.2 Verbindungen zwischen Argumentationsschemata 40
3.3 Zusammenfassung 42

4. Inhaltliche Muster 43
4.1 Musterhafte Standpunkte und Prämissen in
    Argumentationen 43
4.2 Argumentative Topoi 45
4.3 Höhere Werte in pragmatischen Argumenten 48
4.4 Zusammenfassung 50

5. Beziehungsgestaltung 51
5.1 Argumentationen und Beziehungen 52
5.2 Konfliktorientierung in Argumentationen 54
5.3 Konsensorientierung in Argumentationen 56
5.4 Zusammenfassung 59

6. Kontexte 60
6.1 Argumentationen multimodal 61

6.2 Argumentationen und andere Praktiken 65
6.3 Argumentationen in Textsorten 68
6.4 Argumentationen in Diskursen 71
6.5 Zusammenfassung 73

7. Bewertungen 74
7.1 Bewertungsmaßstäbe für Argumentationen 75
7.2 Mögliche Defizite von Argumentationen 77
7.3 Zusammenfassung 87

8. Ausblick 89

Quellen 91

Literatur 94

Glossar 98

Sachregister 100

1. Grundlagen

1.1 Argumentationen und ihre Bedeutung

Das vielleicht Merkwürdigste und zugleich Faszinierendste an Argumentationen ist, dass wir fast ständig und beinahe überall in sie verwickelt sind. Wir argumentieren im Privatleben, etwa, wenn wir in der Partnerschaft darüber diskutieren, wo wir die nächsten Ferien verbringen, oder wenn wir unseren Kindern erklären, wieso Shorts im Winter keine gute Idee sind. Wir argumentieren im Berufsleben, zum Beispiel, wenn wir potenziellen Kunden auseinandersetzen, warum sie unser Angebot annehmen sollten, oder wenn wir gegenüber einer Auswahlkommission ausführen, warum wir für die ausgeschriebene Stelle besonders geeignet sind. Und wir argumentieren im öffentlichen Leben, beispielsweise, wenn wir Verkaufspersonal erläutern, weshalb der Defekt unseres Computers unbedingt als Garantiefall anzusehen ist, oder wenn wir in einem Leserbrief an eine Zeitung darlegen, warum wir gegen eine politische Maßnahme sind. In all diesen Fällen entsteht eine Argumentation, denn es wird ein Standpunkt vertreten, und für diesen wird mindestens ein Grund vorgebracht.

Ausgehend von diesem alltagssprachlichen Verständnis lässt sich **Argumentation** definieren als

- eine „primär sprachliche Praktik als Prozess und Produkt",
- die „auf eine Überwindung oder Verringerung des Zweifels an einem Standpunkt oder der Verschiedenheit von Standpunkten zielt",
- die „aus mindestens einem argumentativen Schluss besteht, der sich aus einem Set von Prämissen [...] und einer Konklusion [...] zusammensetzt",
- wobei „mindestens eine der Prämissen explizit formuliert wird, während die weiteren Prämissen und selbst die Konklusion implizit bleiben können" (Schröter/Thome 2020: 265, vgl. Schröter 2019: 298).

Diese Definition trägt verschiedene Aspekte zusammen, die in vielen anderen wissenschaftlichen Bestimmungen von *Argumentation* erwähnt oder vorausgesetzt werden. Sie vervollständigt sie so, dass sowohl ein Oberbegriff als auch funktionale und formale Merkmale genannt werden. Im Folgenden werden die wichtigsten Aspekte der Definition erläutert.

Primär sprachlich: Abgesehen von seltenen Grenzfällen setzen Argumentationen immer Formulierungen aus Wörtern voraus. Argumentationen müssen allerdings nicht ausschließlich sprachlich realisiert sein. Andere Zeichensysteme, sogenannte *Modalitäten* (beispielsweise Bilder, Gestik oder Mimik), können das Zeichensystem der Sprache in Argumentationen unterstützen oder sogar ergänzen. Ein einfaches Beispiel dafür wäre eine Werbeanzeige, deren sprachlicher Text sich auf *Typisch italienisch!* und *Jetzt probieren!* sowie einen Firmennamen beschränkt. Ohne das zugehörige Bild einer Pizza bliebe unklar, welches Produkt der Firma man *jetzt probieren* soll, weil es *typisch italienisch* ist.

Praktik: Es besteht in der Forschungsliteratur keine Einigkeit darüber, unter welchen Oberbegriff Argumentation fällt. Manche Forschenden sprechen zum Beispiel von einem *komplexen Sprechakt* (vgl. Eemeren/Grootendorst 1992: 10), andere etwa von einer *Form der Themenentfaltung* (vgl. Brinker/Cölfen/Pappert 1985/2014: 60, 73). In diesem Buch wird für den Oberbegriff der *Praktik* optiert. Eine **Praktik** kann man als einen Handlungstyp mit einer oder mehreren kennzeichnenden Funktionen auffassen, der von einer oder mehreren Personen realisiert werden kann und der in seiner Form sowie in seinem Umfang nicht festgelegt ist. Eine solche Praktik steht zudem in Wechselwirkung mit dem Kontext sowie auch mit der Kultur und Gesellschaft, in der sie vorkommt (vgl. Schröter 2016: 380, 386–387). Als Praktiken in diesem Verständnis können beispielsweise Erzählen, Danken, Beraten oder Trösten gelten. Anders als andere Oberbegriffe trägt derjenige der *Praktik* der potenziellen Multimodalität von Argumentationen sehr gut Rechnung. Er berücksichtigt zudem, dass Argumentationen in sehr einfacher Form zu finden sind, die nur wenig Raum oder Zeit beanspruchen, dass Argumentationen aber auch in stark ausdifferenzierter Form auftreten, in der sie sich über Stunden oder über Hunderte von Seiten erstrecken.

Als Prozess und Produkt: Sowohl der Vorgang des Gründe-Vorbringens-für-etwas als auch dessen Ergebnis, das heißt der daraus entstandene Text, werden als *Argumentation* bezeichnet.

Des Zweifels an einem Standpunkt oder der Verschiedenheit von Standpunkten: Manche Argumentationen entstehen, weil mehrere Personen unterschiedliche Positionen vertreten. Das ist zum Beispiel in politischen Debatten der Fall, in denen die Teilnehmenden verschiedene Lösungen für ein Problem vorschlagen und ihre Vorschläge begründen. Andere Argumentationen ergeben sich daraus, dass mehrere Personen sich im Unklaren darüber sind, ob eine einzelne Position zutreffend, angemessen beziehungsweise richtig ist oder nicht. Dies lässt sich etwa in wissenschaftlichen Zusammenhängen beobachten, wenn verschiedene Forschende die Gründe zusammentragen, die für oder gegen eine Hypothese sprechen. Unter Umständen kommt es sogar dadurch zu Argumentationen, dass nur einer einzelnen Person eine einzelne Position fraglich erscheint. Dies passiert beispielsweise, wenn jemand überlegt, ob sie/er eine Stelle annehmen soll oder nicht, und die Vorteile und Nachteile davon in einer Liste zusammenstellt. Noch nicht entschieden ist damit die Frage, ob auch ein rein geistiges, gedankliches Zusammensuchen und Abwägen von Gründen als Argumentation gelten kann. Hier sind unterschiedliche Antworten denkbar.

Die aus mindestens einem argumentativen Schluss besteht: Argumentative Schlüsse sind die zentralen Einheiten von Argumentationen. Mehrere Prämissen und eine Konklusion sind wiederum die Kernelemente aller argumentativen Schlüsse. Diese Kernelemente werden in Kapitel 1.2 genauer beschrieben.

Wobei mindestens eine der Prämissen ausdrücklich formuliert wird: Normalerweise bleiben einige Elemente von argumentativen Schlüssen implizit, das heißt, sie werden weder mit sprachlichen noch mit anderen Zeichen formuliert. So werden in der Alltagssprache so gut wie nie alle Prämissen ausformuliert, die für den Schluss auf eine Konklusion notwendig sind. Manchmal bleibt sogar die Konklusion unausgesprochen. Dies wäre zum Beispiel der Fall, wenn zwei Mitglieder einer Wohngemeinschaft einen Sonnenschirm für die gemeinsame Wohnung kaufen wollen, beide im Geschäft vor einem möglichen Modell stehen und dann eine Mitbewohnende zum anderen sagt: *Zu groß.* Hier ist aufgrund des Kontextes klar, dass die Größe des Sonnenschirms als Grund für den Standpunkt angeführt wird, dass dieser nicht gekauft werden soll. Der Standpunkt wird aber nicht ausdrücklich genannt. Dass in Argumentationen so vieles implizit bleibt, ist für die Argumentierenden praktisch, weil es Zeit und Platz spart und oft auch Einwände erschwert. Für die Analysierenden von Argumentationen ist es weniger praktisch. Es ist nämlich nicht immer sofort klar, was genau implizit geblieben ist.

Argumentationen sind nicht nur bedeutend, weil sie sehr häufig sind, sondern auch, weil sie wichtige Funktionen übernehmen können. Aus der gegebenen Definition von *Argumentation* lassen sich drei Grundfunktionen ableiten:

- Argumentationen ermöglichen Erkenntnis. Argumentationen dienen oft dazu, aus etwas Bekanntem etwas Neues zu erschließen. Damit können sie Wissen generieren. Dies ist etwa in den Wissenschaften der Fall.
- Argumentationen ermöglichen Entscheidungen. Argumentationen dienen vielfach dazu, die Vor- und Nachteile verschiedener Handlungsoptionen zusammenzutragen. So können sie die Wahl einer Option vereinfachen. Dies ist unter anderem in der Politik zu beobachten.
- Argumentationen ermöglichen Übereinkommen. Argumentationen dienen häufig dazu, die Gründe für unterschiedliche Ansichten verständlich zu machen. Dadurch können sie einen Konflikt verhindern oder entschärfen. Dies zeigt sich beispielsweise im Familienleben.

Mit diesen drei Grundfunktionen sind mögliche positive, konstruktive Effekte von Argumentationen angesprochen. Sie können erklären, warum Argumentationen so oft vorkommen. Allerdings können Argumentationen natürlich auch so gestaltet sein, dass dem Gegenüber die Zustimmung zum vertretenen Standpunkt erschwert statt vereinfacht wird. Solche Argumentationen können destruktive Effekte haben, zum Beispiel Verwirrung stiften, Handeln verzögern oder Dissens fördern.

Aufgabe 1: Eingangs wurde erwähnt, dass Argumentationen in unserem Alltag sehr häufig sind. Ausgehend davon könnte man die These vertreten, dass Argumentationen heute eine größere Rolle spielen als in früheren historischen Phasen. Überlegen Sie sich, wie man diese These begründen könnte.

1.2 Kernelemente argumentativer Schlüsse

Im vorigen Kapitel 1.1 wurde erwähnt, dass eine Argumentation mindestens einen **argumentativen Schluss** enthalten muss, der aus einem Set von Prämissen und einer Konklusion besteht. Diese Kernelemente werden nun genauer erklärt.

Empirisch gegeben – also sinnlich wahrnehmbar, beobachtbar – sind nicht Prämissen und Konklusionen, sondern sprachliche oder sonstige zeichenhafte Äußerungen. Die darin enthaltenen Aussagen, Behauptungen oder Feststellungen können als Prämisse oder Konklusion in einem argumentativen Schluss fungieren. Äußerungen, die eine Prämisse bilden, können zudem weitere, implizit gebliebene

Prämissen andeuten. Eine alternative Bezeichnung für **Prämissen** ist *Gründe;* vor allem in der Logik wird dafür zudem oft die Variable *p* verwendet. In der Alltagssprache nennt man Prämissen häufig auch *Argumente.* In vielen wissenschaftlichen Texten und auch in diesem Buch wird *Argument* jedoch gleichbedeutend mit *argumentativem Schluss* verwendet. Die **Konklusion** eines argumentativen Schlusses wiederum heißt auch *These;* besonders in der Logik wird sie außerdem oft mit *q* abgekürzt. Eine weitere übliche Bezeichnung der Konklusion ist *Schlussfolgerung.* Die Aussagen, die die Prämissen und die Konklusion eines Schlusses bilden, stehen in einem Begründungsverhältnis zueinander. Wenn man sie mit *deshalb* oder *denn* verbindet, entsteht eine sinnvolle Äußerung. Abbildung 1 stellt dies in Verbindung mit einem Beispiel graphisch dar.

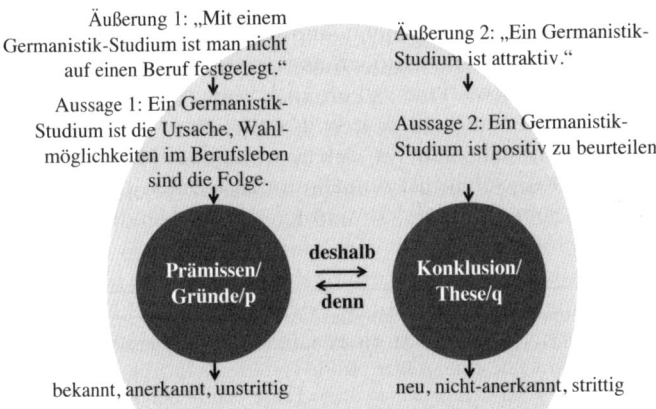

Abb. 1: Die Kernelemente eines argumentativen Schlusses

Wie die Abbildung besagt, unterscheiden sich die Prämissen und die Konklusion eines argumentativen Schlusses hinsichtlich ihrer Zweifelhaftigkeit oder, wissenschaftlicher formuliert, hinsichtlich des beanspruchten epistemischen Status. Die Prämissen sind mit dem Anspruch verbunden, bekannt, anerkannt, unstrittig zu sein. Die Konklusion hingegen geht mit dem Anspruch einher, zu Beginn des Schlusses neu, nicht-anerkannt, strittig zu sein. Argumentation wird deshalb auch als ein Prozess oder Verfahren beschrieben, in dem versucht wird, den Status der Unstrittigkeit auf etwas bislang Strittiges zu transferieren. Argumentationsanalysen können folglich aufzeigen, was einer Person oder Gruppe als gewiss und unstrittig gilt und was im Gegensatz dazu zweifelhaft und strittig für sie ist.

1.3 Identifikation von Argumentationen

Der erste Schritt einer Argumentationsanalyse besteht in der Identifikation der Argumentation. Hat man einen Text vor sich (wozu hier auch Reden, Gespräche, schriftliche Dialoge oder etwa Sprach-Bild-Kombinationen gezählt werden), muss man sich zunächst fragen: Wird darin überhaupt argumentiert? Da oft nicht der ganze Text argumentativ ist, stellt sich zudem in vielen Fällen die Frage: Welche Teile oder Abschnitte des Textes können als Argumentation gelten, welche nicht?

Wie wir schon wissen, setzt eine Argumentation einen argumentativen Schluss voraus. Sinnlich wahrnehmbar sind aber nur sprachliche oder sonstige zeichenhafte Äußerungen. Um einen argumentativen Schluss in einem Text zu erkennen, muss man folglich dessen Äußerungen verstehen und deuten. Entscheidend ist, ob man zwei Aussagen ausmachen kann, die sich begründet als Prämisse und daraus hervorgehende Konklusion auffassen lassen. Ist man nicht sicher, ob zwei Aussagen als Prämisse und Konklusion eines argumentativen Schlusses aufgefasst werden können, kann man sie versuchsweise mit *denn* oder *deshalb* verbinden und sich dann fragen, ob eine sinnvolle Äußerung entstanden ist. Nehmen wir eine beliebige Stelle aus dem Roman „Ansichten eines Clowns" von Heinrich Böll als Beispiel:

(1) Ich glaube, es gibt niemanden auf der Welt, der einen Clown versteht, nicht einmal ein Clown versteht den anderen, da ist immer Neid oder Mißgunst im Spiel. (Böll 1963/2004: 93)

Hier ist der Test schnell durchgeführt und fällt positiv aus: *Ich glaube, es gibt niemanden auf der Welt, der einen Clown versteht, denn nicht einmal ein Clown versteht den anderen.* Dies ist offensichtlich eine sinnvolle Äußerung. Zu einem sinnvollen Ergebnis führt auch die umgekehrte Verbindung: *Nicht einmal ein Clown versteht den anderen. Deshalb gibt es niemanden auf der Welt, der einen Clown versteht, glaube ich.* Sinnvoll wäre ebenso: *Nicht einmal ein Clown versteht den anderen, denn da ist immer Neid oder Missgunst im Spiel.* Oder, andersherum: *Da ist immer Neid oder Missgunst im Spiel. Deshalb versteht nicht einmal ein Clown den anderen.* In dieser Textstelle lassen sich folglich zwei argumentative Schlüsse ausmachen. Es wird also argumentiert.

Etwas schwieriger sind Fälle zu beurteilen, in denen ein argumentativer Schluss mit impliziter Konklusion vorliegen könnte. Abbildung 2 zeigt einen solchen Fall.

Abb. 2: Ein Kaffeebecher

Hier muss man zusätzlich überlegen, welche Hinweise der Kontext, das heißt der kommunikative Zusammenhang, auf die Konklusion geben und wie diese folglich lauten könnte. Da es sich um eine Produktverpackung handelt und Produktverpackungen normalerweise werbende Elemente enthalten, kann man vermuten, dass zum Kauf des Produkts angeregt werden soll. Formuliert man dementsprechend versuchsweise *Sie sollten unseren Kaffee kaufen, denn unser Kaffee ist biologisch angebaut* oder *Sie sollten unseren Kaffee kaufen, denn unser Kaffee ist Fair-Trade-zertifiziert*, ergeben sich zwei sinnvolle Äußerungen. Man kann hier also zwei argumentative Schlüsse identifizieren und mit guten Gründen behaupten, dass argumentiert wird.

Ist man sich nicht sicher, ob ein argumentativer Schluss und mithin eine Argumentation zu identifizieren ist, können vor allem folgende kontextuelle Hinweise helfen:

- die Aktionen oder Reaktionen weiterer Beteiligter, seien es adressierte oder rezipierende Personen; nicht selten geben weitere beteiligte Personen einen Zweifel an einem Standpunkt oder eine Verschiedenheit von Standpunkten zu erkennen (etwa durch ein Stirnrunzeln oder hochgezogene Augenbrauen oder auch durch ausdrücklichen Widerspruch),
- Metakommunikation, das heißt Kommunikation über Kommunikation; manchmal finden sich metakommunikative Äußerungen, die auf Argumentation hinweisen (beispielsweise *ich nenne Ihnen drei Gründe dafür* oder *mein Hauptargument ist, dass ...*), und

- die Textsorte, ergo die Klasse von Texten, denen das untersuchte Exemplar zugehört; manchmal gehört der untersuchte Text zu einer Textsorte, die immer oder in der Regel Argumentation enthält (zum Beispiel *Produktverpackung, Kommentar, politische Diskussion* oder *wissenschaftliches Gutachten*).

Abb. 3: Ein Anreißer auf der Website einer Frauenzeitschrift (https://wienerin.at/, Abfrage: 28.09.2019)

Aufgabe 2: Abbildung 3 zeigt den Anreißer eines Online-Zeitschriftenartikels, genauer, den Hinweis auf einen Artikel, der sich auf der Website einer Frauenzeitschrift befindet. Liegt hier eine Argumentation vor oder nicht? Begründen Sie Ihre Antwort.

1.4 Zusammenfassung

Argumentation ist eine primär sprachliche Praktik, die auf eine Überwindung oder Verringerung des Zweifels an einem Standpunkt oder der Verschiedenheit von Standpunkten zielt und aus mindestens einem argumentativen Schluss besteht. Argumentationen ermöglichen unter anderem Erkenntnis, Entscheidungen und Übereinkommen.

Ein argumentativer Schluss setzt sich aus einem Set von Prämissen und einer Konklusion zusammen, die in einem Begründungsverhältnis zueinander stehen.

Um einen argumentativen Schluss und damit eine Argumentation in einem Text zu identifizieren, muss man dessen Äußerungen verstehen und deuten. Im Zweifelsfall helfen Umformulierungstests und Kontexthinweise bei der Identifikation.

Tabelle 5 (S. 88-89) bietet eine Übersicht über den Schritt einer Argumentationsanalyse, der in diesem Kapitel vorgestellt wurde, und über die weiteren Schritte, die in den folgenden Kapiteln behandelt werden.

Grundbegriffe: Argumentation, Praktik, argumentativer Schluss, Prämisse, Konklusion.

Weiterführende Literatur: Andere Einführungen, die sich mit Argumentation befassen, setzen andere Schwerpunkte als die vorliegende: So gibt Hannken-Illjes (2018) einen Überblick über verschiedene argumentationstheoretische Ansätze; Bayer (1999/2007) führt hingegen in die logische Argumentationsanalyse ein. Einen fundierten Ratgeber für die Praxis haben Herrmann/Hoppmann/Stölzgen u. a. (2010/2012) vorgelegt. Reisigl (2014) schlägt ebenfalls eine mehrdimensional-integrale Argumentationsanalyse vor. Als Nachschlagewerk zur Argumentationsforschung sei das umfangreiche Handbuch von Eemeren/Garssen/Krabbe u. a. (2014) empfohlen.

2. Strukturen

2.1 Makrostruktur von Argumentationen

Wie im letzten Kapitel erklärt wurde, sind Argumentationen aus einem oder mehreren argumentativen Schlüssen aufgebaut, und diese wiederum sind jeweils aus mehreren Prämissen und einer Konklusion zusammengesetzt. Den Aufbau einer Argumentation aus argumentativen Schlüssen bezeichnet man als **argumentative Makrostruktur.** Die Zusammensetzung eines oder mehrerer argumentativer Schlüsse aus den Prämissen und der Konklusion nennt man demgegenüber **argumentative Mikrostruktur.** Die Unterscheidung zwischen der Makro- und Mikrostruktur von Argumentationen ist in der Forschungsliteratur gängig. Sie ist kaum umstritten und wird deshalb selten eingehender thematisiert.

Die Analyse der Makrostruktur bildet den zweiten Schritt einer Argumentationsanalyse. Man fragt sich: Wofür oder wogegen wird argumentiert? Wie viele argumentative Schlüsse gibt es? In welchem Verhältnis stehen sie zueinander?

Für die Analyse der Makrostruktur können eine Reihe von Begriffen nützlich sein. Diese werden im Folgenden anhand eines Ausschnitts aus dem Artikel „Mehr als nur ein Spiel. Faszination Fußball" erläutert, der auf der Website des „Spiegels" erschienen ist:

(1) Fußball ist ein Spiel für alle. Die Kleinen haben ein Vorbild an Philipp Lahm oder Roberto Carlos, die Langen an Lúcio oder Luca Toni, die Dicken an Ronaldo. Größere Intelligenz ist weder nötig noch schädlich.
Fußball kann überall gespielt werden, in jedem Land. Es reichen eine freie Fläche und ein paar ineinander gewickelte Socken oder eine Dose. Es ist also leicht, Fußball zu spielen […]
Fußball ist dem Leben näher als Basketball oder Handball, wo das Spiel aus der sturen Konfrontation von Angriff und Abwehr besteht. Beim Fußball gibt es ein Mittelfeldspiel, und das Mittelfeld ist der Ort des Lebens. Aus dem Mittelfeld heraus entwickeln sich Sieg oder Niederlage, Triumph oder Depression, im Mittelfeld droht das Leben zu versacken, im Mittelfeld verbringt man wartend seine Zeit, gleichsam mit müßigem Ballgeschiebe, bis sich vielleicht doch eine Chance ergibt. (Kurbjuweit 2006)

Analysiert man die Makrostruktur einer Argumentation, fragt man zunächst, wie der Standpunkt oder allenfalls auch die Standpunkte lauten. Ein **Standpunkt** ist die ranghöchste Konklusion einer Argumentation. Es handelt sich um die Konklusion eines argumentativen Schlusses, die nicht als Prämisse für eine übergeordnete Konklusion in einem übergeordneten Schluss fungiert. Man kann auch sagen, dass der Standpunkt eine Antwort auf die zentrale Frage liefert, die jeweils im Raum steht, auf die sogenannte *Quaestio*. In Beispiel 1 ist *Fußball ist faszinierend* der Standpunkt. Er bildet eine Antwort auf die Quaestio: *Wie ist Fußball zu beurteilen?* Der Standpunkt und die Quaestio lassen sich aus der Überschrift und den humorvoll vorgebrachten Argumenten erschließen. Wie in vielen anderen Fällen gibt es auch hier verschiedene Möglichkeiten, den Standpunkt wie auch die Quaestio zu formulieren. Den Standpunkt könnte man zum Beispiel ebenso mit *Fußball begeistert* wiedergeben. Auch wenn hinsichtlich des genauen Wortlauts Spielräume bestehen, so ist doch eindeutig, dass im obigen Textausschnitt Gründe dafür gegeben werden, dass Fußball toll und wichtig ist. Dies muss deutlich werden, wenn man den Standpunkt notiert.

Man kann drei Arten von Standpunkten unterscheiden:

- deskriptive Standpunkte; dies sind Standpunkte, die etwas beschreiben (beispielsweise *Jesus wurde nicht von einer Jungfrau geboren*),
- evaluative Standpunkte; dies sind Standpunkte, die etwas bewerten (etwa *Dieser Krimi ist ein Meisterwerk*), sowie

- präskriptive Standpunkte; dies sind Standpunkte, die dazu auffordern, etwas zu tun oder zu lassen (zum Beispiel *Wir sollten die Zeitumstellung abschaffen*).

Der Standpunkt unseres Beispiels ist evaluativ, weil er ein Werturteil enthält.

Aufgabe 3: Welcher Art sind die folgenden Standpunkte?
(1) „An unserer Schule sollten Handys verboten werden."
(2) „Nur Fische, die in Salzwasser leben, enthalten Omega-3-Fettsäuren."
(3) „Du darfst auf keinen Fall mit Streichhölzern spielen."
(4) „Was für ein furioses Wimbledon-Finale!"
(5) „Er war zur Tatzeit am Tatort."

Wichtig ist des Weiteren, ob pro und/oder contra den Standpunkt argumentiert wird, ob also argumentative Schlüsse für und/oder gegen den Standpunkt vorgebracht werden. Im Falle unseres Fußball-Beispiels wird offensichtlich ausschließlich für den Standpunkt argumentiert.

Nachdem man den oder die Standpunkte gefunden hat, prüft man, wo im Text überall argumentative Schlüsse oder Argumente vorliegen und ob es sich folglich um eine einfache oder um eine komplexe Argumentation handelt. Eine einfache Argumentation enthält nur einen argumentativen Schluss. Eine komplexe Argumentation hingegen besteht aus zwei oder mehr Argumenten. Beispiel 1 enthält eine komplexe Argumentation.

Hat man alle Argumente identifiziert, kann man die *argumentative Dichte* des Textes bestimmen, das heißt die relative Häufigkeit von argumentativen Schlüssen (vgl. Schröter/Thome 2020: 267). Man kann sie so berechnen:

$$\frac{\text{Zahl der argumentativen Schlüsse}}{\text{Zahl der Wörter}} \times 100$$

Als Ergebnis erhält man die Zahl von Argumenten pro 100 Wörtern im betreffenden Text. Die Anzahl der Wörter kann man mit Textverarbeitungsprogrammen wie „Microsoft Word" oder mit korpuslinguistischer Freeware wie „AntConc" (Anthony 2019) oder „#LancsBox" (Brezina/Weill-Tessier/McEnery 2020) ermitteln. In korpuslinguistischen Zusammenhängen ist es üblich, relative Häufigkeiten unter Bezug auf Wörter zu berechnen. Es handelt sich dabei um sogenannte *laufende Wörter* oder *Worttoken,* die je nach Programm etwas unterschiedlich definiert sein können. Man kann relative Häufigkeiten allerdings auch unter Bezug auf andere Einheiten wie

Schriftzeichen oder Sätze ermitteln. Die Berechnung der argumentativen Dichte ist jedenfalls vor allem dann interessant, wenn verschiedene Argumentationen verglichen werden sollen.

Aufgabe 4: Der Ausschnitt aus dem Artikel „Mehr als nur ein Spiel. Faszination Fußball", der als Beispiel 1 zitiert wurde, enthält 136 Worttoken (gemäß Zählung in „Microsoft Word"). Berechnen Sie die argumentative Dichte des Ausschnitts.

Um das Verhältnis der argumentativen Schlüsse oder Argumente zueinander zu erfassen, sind die Begriffe *Koordination* und *Subordination* nützlich. Argumente stehen im Verhältnis der **Koordination,** wenn beide dieselbe Konklusion stützen. Argumente stehen demgegenüber im Verhältnis der **Subordination,** wenn ein Argument das andere stützt. In der Forschungsliteratur weicht das Verständnis von Koordination und Subordination allerdings manchmal etwas davon ab (so zum Beispiel bei Eemeren/Grootendorst 1992: 73-85). Es bietet sich an, sich mithilfe einer graphischen oder tabellarischen Darstellung einen Überblick über die Argumente und deren Koordination oder Subordination zu verschaffen. Abbildung 4 zeigt eine Möglichkeit der graphischen Darstellung für Beispiel 1. Die koordinierten Argumente befinden sich jeweils nebeneinander, die subordinierten jeweils untereinander.

Abb. 4: Die Makrostruktur von Beispiel 1 (vgl. Kurbjuweit 2006)

Bei der Beschreibung der Subordination von Argumenten kann es praktisch sein, von *argumentativen Leveln* zu sprechen (vgl. Schröter

2019: 300, Schröter/Thome 2020: 268): Ein argumentatives Level ist eine Ebene der Makrostruktur einer Argumentation. Argumente, die im Verhältnis der Koordination stehen, liegen auf demselben Level, Argumente, die im Verhältnis der Subordination stehen, jedoch nicht. Abbildung 4 kennzeichnet auch die verschiedenen Level des Fußball-Beispiels. Drei sind es insgesamt. Die Ebene des Standpunktes wird nicht mitgezählt.

Hat man die Makrostruktur erschlossen, kann man sich weitergehende Gedanken über sie machen und versuchen, sie funktional zu deuten. Welche möglichen Effekte hat sie? Werden viele Argumente für den Standpunkt vorgebracht, so dass dieser umfassend abgestützt ist? Oder werden so viele Argumente geliefert, dass die Makrostruktur sehr anspruchsvoll für das Publikum ist? Gibt es viele Level, so dass auch alle eventuellen Zweifel an Argumenten ausgeräumt werden? Oder sind es so viele Level, dass der Standpunkt aus dem Blick geraten kann? Dies sind nur einige mögliche Fragen, die man sich stellen kann.

Aufgabe 5: Analysieren Sie die Makrostruktur, die die Argumentation im folgenden Ausschnitt aus einem Reiseführer für Sizilien aufweist. Stellen Sie sie wie in Abbildung 4 dar.

„Auf [...] in den Südosten!
[...] Wer sich [...] einen Schubs gibt und [von Syrakus aus, J.S.] weiterzieht, lernt ein paar der charmantesten Ortschaften Siziliens kennen: Noto, Modica und Ragusa sind mit ihren barocken Schätzen und Gaumenfreuden (Eis in Noto, Schokolade in Modica und eines der besten sizilianischen Restaurants in Ragusa) die Highlights. Aber auch die Erkundung der Landschaft lohnt sich. Die riesigen Felsschluchten sind mit prähistorischen Gräbern gesprenkelt, und das Riserva Naturale Oasi Faunistica di Vendicari ist ein Paradies für Vogelbeobachter – und für alle, die auf der Suche nach friedlichen Stränden sind." (Clark/Maric 2014: 196)

2.2 Mikrostruktur von Argumentationen

Der nächste Schritt einer Argumentationsanalyse besteht in der Analyse der Mikrostruktur. Man versucht dabei, die Fragen zu beantworten: Welche Prämissen und welche Konklusionen gibt es? In welcher Beziehung stehen sie zueinander?

Es gibt unterschiedliche Modelle der Mikrostruktur, das heißt unterschiedliche Vorstellungen davon, aus welchen und wie vielen Elementen argumentative Schlüsse grundsätzlich zusammengesetzt sind. Ein besonders bekanntes Modell ist dasjenige von Stephen

Toulmin. In seinem berühmt gewordenen Buch „Der Gebrauch von Argumenten" präsentiert Toulmin ein „Schema" für „Mikroargumentationen" (1958/1975: 88, 86), das man als Modell der Mikrostruktur von Argumentationen auffassen kann. Toulmins *Schema* sieht drei Elemente vor, die durch drei zusätzliche Elemente erweitert werden können. Die ersten drei Elemente sind

- die „Konklusion"; die Konklusion ist die „Behauptung", die begründet werden muss,
- das „Datum"; das Datum ist eine „Tatsache, die wir als Begründung für die Behauptung heranziehen", und
- die „Schlußregel"; die Schlussregel ist nach Toulmin eine allgemeinere, abstraktere Aussage, die mit *Wenn ..., (dann) ...* formuliert werden kann und Schlüsse wie den vom Datum auf die Konklusion erlaubt (Toulmin 1958/1975: 89).

Obwohl laut Toulmin immer eine Schlussregel verwendet werden muss, wird diese ihm zufolge normalerweise nicht ausformuliert. Die drei weiteren Elemente, die gemäß Toulmin zusätzlich zu den genannten verbalisiert werden können, sind

- der „Operator"; der Operator bringt zum Ausdruck, wie stark die Konklusion über die Schlussregel von den Daten gestützt wird,
- die „Ausnahmebedingungen"; die Ausnahmebedingungen können mit *Wenn nicht ...* formuliert werden und nennen Gegebenheiten, unter denen der Schluss auf die Konklusion nicht zulässig wäre, sowie schließlich
- die „Stützung"; die Stützung plausibilisiert die Schlussregel, indem sie etwa auf „Klassifikationen", „Gesetze" oder „Statistiken" hinweist (Toulmin 1958/1975: 92, 94-95).

Abbildung 5 zeigt, wie Toulmin sein Modell graphisch darstellt.

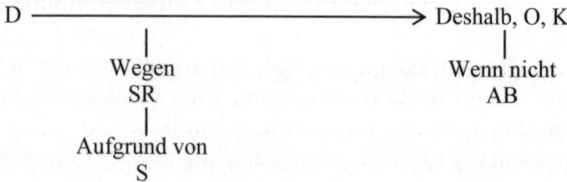

Abb. 5: Das Modell der Mikrostruktur von Toulmin (1958/1975: 95; *D* steht für *Datum, SR* für *Schlussregel, S* für *Stützung, O* für *Operator, K* für *Konklusion* und *AB* für *Ausnahmebedingungen*)

Abbildung 6 gibt ein Beispiel Toulmins wieder, das zeigt, wie die sechs Elemente realisiert sein können.

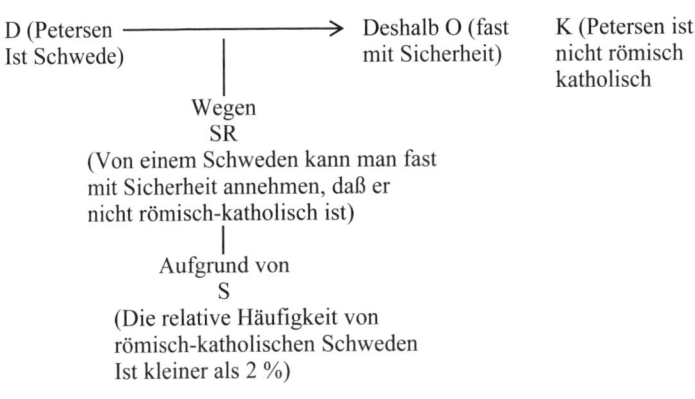

Abb. 6: Ein Beispiel Toulmins (1958/1975: 101)

Aufgabe 6: Analysieren Sie die Mikrostruktur der folgenden einfachen Argumentation mit dem Modell von Toulmin (1958/1975).
„Weil Tiere sich gegenseitig fressen, dürfen wir auch Tiere essen." (Kaplan 1993/[o. J.])

Das Modell von Toulmin ist leicht verständlich und eingängig. Jedoch ist es oft nicht einfach, die Schlussregel zu formulieren, ohne dabei einfach den Wortlaut des Datums und der Konklusion zu wiederholen und beides mit *wenn* und *dann* zu verbinden. Tut man das, verliert die Schlussregel freilich ihren Wert – sie verdoppelt dann lediglich das, was schon im Datum und in der Konklusion ausgedrückt ist.

Unter anderem aus diesem Grund wird in dieser Einführung ein etwas anderes Modell der Mikrostruktur von Argumentationen vorgeschlagen. Dieses geht davon aus, dass ein argumentativer Schluss sich grundsätzlich aus drei Prämissen und einer Konklusion zusammensetzt. Die drei Prämissen sind unterschiedlicher Art. Dies lässt sich an folgenden zwei Beispielen für argumentative Mikrostrukturen erkennen:

(2) 1. Prämisse: Wenn etwas für das Ganze gilt, gilt es auch für den Teil.
2. Prämisse: Diese Packung Nougatriegel ist das Ganze, dieser Nougatriegel ist der Teil.
3. Prämisse: Diese Packung Nougatriegel hat das Verfallsdatum überschritten.

Konklusion: Dieser Nougatriegel hat das Verfallsdatum überschritten.

(3) 1. Prämisse: Wenn etwas für die Ursache gilt, gilt es auch für die Folge.
2. Prämisse: Alte Menschen sind die Ursache, Gesundheitskosten sind die Folge.
3. Prämisse: Es gibt immer mehr alte Menschen.

Konklusion: Es gibt immer mehr Gesundheitskosten.

Wie die Beispiele zeigen, sieht das hier vorgeschlagene Modell vor, dass jeder argumentative Schluss folgende Elemente enthält (vgl. Schröter 2019: 302, Schröter/Thome 2020: 293):

- eine Wenn-dann-Prämisse: Diese Prämisse ähnelt der Schlussregel bei Toulmin dahingehend, dass sie ebenfalls mit *Wenn ..., dann ...* formuliert wird. Allerdings ist die Wenn-dann-Prämisse abstrakter als die Toulmin'sche Schlussregel. Sie formuliert erfahrungsbasierte regelhafte Zusammenhänge oder Relationen zwischen zwei abstrakten Begriffen (Ganzes, Teil, Ursache, Folge, ...). Die Wenn-dann-Prämisse entspricht im Normalfall der ersten Prämisse eines der Argumentationsschemata, die in Kapitel 3.1 vorgestellt werden.
- eine zweite Prämisse: Die zweite Prämisse gibt an, welche beiden Elemente der Welt (Lebewesen, Dinge, Sachverhalte, ...) die beiden abstrakten relationalen Begriffe aus der Wenn-dann-Prämisse (Ganzes, Teil, Ursache, Folge, ...) repräsentieren.
- eine dritte Prämisse: Die dritte Prämisse besagt, was mit einem der beiden Weltelemente der Fall ist. Die dritte Prämisse ist deshalb mit Toulmins Datum vergleichbar.
- eine Konklusion: Die Konklusion drückt aus, was folglich mit dem anderen Weltelement der Fall ist.

Die Wenn-dann-Prämisse bleibt in der Alltagssprache fast immer implizit. Nicht selten wird auch die zweite oder die dritte Prämisse nicht ausdrücklich formuliert. Auch die Konklusion kann unausgesprochen bleiben, wie in Kapitel 1.2 erwähnt wurde. Neuartig an diesem Modell ist die Annahme, dass jeweils aus drei Prämissen auf die Konklusion geschlossen wird. Diese Annahme ist angeregt von einem weiteren Modell, dem *argumentum model of topics* (vgl. vor allem Rigotti/Greco 2019: 207-245). Das *argumentum model of topics* geht ebenfalls von drei Prämissen aus, verbindet sie jedoch über eine Zwischenkonklusion miteinander.

Hat man die Mikrostruktur aller Argumente erschlossen, kann man sich weitergehende Gedanken über sie machen und versuchen, sie funktional zu deuten. Anregungen dazu werden in Kapitel 3.2 gegeben.

Aufgabe 7: Analysieren Sie noch einmal die Mikrostruktur der Argumentation, die in Aufgabe 6 zitiert wurde. Verwenden Sie diesmal aber das hier vorgeschlagene Modell. Ein Hinweis: Die erste Prämisse lautet *Wenn etwas für eine erste Entität (eine erste Größe) gilt, gilt es auch für eine ähnliche Entität (eine ähnliche Größe).*

2.3 Rekonstruktion von Strukturen

Wie die Beispiele in Kapitel 2.1. und 2.2 gezeigt haben, ist es oft nicht so leicht, die Makro- und Mikrostruktur von Argumentationen zu analysieren. Das liegt daran, dass die wahrnehmbaren Äußerungen von der argumentativen Struktur abweichen. In diesem Fall muss man die Struktur **rekonstruieren.** Das bedeutet, dass man die Originaläußerungen so umformuliert, dass die jeweilige Argumentation in ihrer knappsten, vollständigsten, klarsten und folgerichtigsten Form erscheint. Die Rekonstruktion ist kein eigener Analyseschritt, sondern sie erfolgt im Zuge der Analyse der Makro- und Mikrostruktur. Die Analyse der Mikro- und Makrostruktur setzt deren Rekonstruktion voraus. Die Rekonstruktion zu wissenschaftlichen Zwecken, die hier erläutert wird, ist im Normalfall genauer als das Verständnis zu alltagspraktischen Zwecken, zu dem die Rezipierenden der Argumentation in der alltäglichen Kommunikation gelangen.

Es ist immer heikel, sprachliches Material im Rahmen einer linguistischen Untersuchung umzuformulieren. Stets besteht die Gefahr, die Originaläußerungen durch Umformulierungen zu verfälschen. In der Argumentationsforschung, insbesondere der nicht-linguistischen, ist allerdings allgemein anerkannt, dass Umformulierungen für die Analyse argumentativer Strukturen notwendig sind. Lösen lässt sich das Dilemma, indem man bei Umformulierungen methodisch geleitet vorgeht, das heißt, indem man bestimmte, im Vorfeld festgelegte Regeln befolgt.

Bewährt hat es sich, sich bei den Umformulierungen strikt auf die vier **Transformationen** („transformations"), also auf die vier Rekonstruktionsoperationen zu beschränken, die Frans van Eemeren und Rob Grootendorst in ihrer *pragma-dialectical argumentation theory* nennen:

- *Kürzung* („deletion") irrelevanter Äußerungen,
- *Ergänzung* („addition") impliziter Elemente,
- *Austausch* („substitution") uneindeutiger Formulierungen durch eindeutige und
- *Neuanordnung* („permutation") vertauschter Teile, etwa vertauschter Prämissen oder Konklusionen (Eemeren/Grootendorst 2004: 103-104).

Die vier Transformationen seien an dem Beispiel in Abbildung 7 erläutert. Es stammt aus einer Wohnungsanzeige auf einem Kleinanzeigen-Portal.

Objektbeschreibung

In unmittelbarer Nähe zum Stephansplatz befindet sich diese helle und gut augeteilte 3 Zimmer-Dachgeschosswohnung eines Wiener Altbau-Hauses. Alle 3 Zimmer sind direkt begehbar. Das gesamte Haus versprüht einen tollen Altbauflair im Zentrum der Stadt.

Abb. 7: Ein Teil einer Wohnungsanzeige auf einem Kleinanzeigen-Portal ([Anonym.] 2019)

Aufgrund der Kommunikationssituation (auf dem Portal werden viele weitere freie Mietwohnungen in Wien angeboten) und aufgrund der Textsorte (Wohnungsanzeige) lässt sich der Text in Abbildung 7 als Argumentation auffassen. Man kann annehmen, dass die Adressierten Zweifel daran haben, ob die annoncierte Wohnung für sie infrage kommt, und dass diese Zweifel ausgeräumt werden sollen. Streicht man die Wiederholungen (= Kürzung), fügt man den implizit gebliebenen Standpunkt hinzu (= Ergänzung), ersetzt man umständliche und ungenaue durch weniger umständliche und ungenaue Formulierungen (= Austausch) und gruppiert die verschiedenen Aussagen entsprechend ihrer Funktion als Prämissen oder Konklusion (= Neuanordnung), ergibt sich die Makrostruktur in Abbildung 8.

Abb. 8: Die rekonstruierte Makrostruktur des Textes in Abbildung 7 (vgl. [Anonym.] 2019)

Besonders exakt ist es, wenn man beim Notieren der rekonstruierten Struktur alle ergänzten und ausgetauschten Elemente in eckige Klammern setzt. Da dies aber oft zu einer etwas unübersichtlichen Schreibung führt, wird hier darauf verzichtet. Den Standpunkt und die Argumente aus Abbildung 7 kann man natürlich räumlich auch anders anordnen als in Abbildung 8, zum Beispiel so:

(4) **Standpunkt: Diese Wohnung ist attraktiv.**
   1 Die Wohnung ist nah am Stephansplatz.
   2 Die Wohnung ist hell.
   3 Die Wohnung ist gut geschnitten.
     3.1 Die Wohnung hat drei Zimmer.
     3.2 Alle Zimmer haben eine Tür zum Flur.
   4 Die Wohnung befindet sich in einem Altbau.

Rekonstruiert man auch die Mikrostruktur ergibt sich folgende Form:

(5) **Standpunkt: Diese Wohnung ist attraktiv.**
   1.1 Wenn etwas eine charakteristische Eigenschaft aufweist, weist es auch die entsprechende Qualität auf.
   1.2 Nähe zum Stephansplatz ist die charakteristische Eigenschaft, Attraktivität ist die entsprechende Qualität.
   1.3 Die Wohnung ist nah am Stephansplatz.
   2.1 Wenn etwas eine charakteristische Eigenschaft aufweist, weist es auch die entsprechende Qualität auf.
   2.2 Helligkeit ist die charakteristische Eigenschaft, Attraktivität ist die entsprechende Qualität.
   2.3 Die Wohnung ist hell.
   …

Führt man die vier Transformationen durch, sollte man den Hinweisen der Originaläußerungen so genau wie möglich folgen. Wie man das macht, erklärt das folgende Kapitel 2.4.

Dennoch bleiben Zweifelsfälle. Es empfiehlt sich, alle Zweifelsfälle konsequent nach denselben Prinzipien zu entscheiden. Hilfreich kann zum Beispiel das *Prinzip der maximal argumentativen Rekonstruktion* sein (ähnlich Eemeren/Grootendorst 2004: 115-117). Nach diesem Prinzip geht man im Zweifelsfall davon aus, dass ein argumentativer Schluss vorliegt. Nützlich können auch das *Prinzip der minimal redundanten* und das *Prinzip der maximal koordinativen Rekonstruktion* sein. Gemäß dem ersteren Prinzip nimmt man im Zweifelsfall an, dass zwei Formulierungen denselben argumentativen Schluss formulieren, dass also eine Wiederholung vorliegt. Dem letzteren Prinzip zufolge geht man im Zweifelsfall davon aus, dass zwei argumentative Schlüsse im Verhältnis der Koordination, nicht der Subordination stehen.

In jedem Fall setzt die Analyse der Makro- und Mikrostruktur einer Argumentation mitsamt der notwendigen Rekonstruktion Interpretationen voraus. Deshalb ist es ratsam, die Analyse doppelt – in zwei unabhängigen Durchgängen mit einigem zeitlichen Abstand – durchzuführen oder aber sie von einer weiteren Person überprüfen zu lassen (dazu und zur Rekonstruktion generell vgl. Schröter/Thome 2020: 266).

Hat man die Rekonstruktion der Struktur abgeschlossen, kann ein weiterer Schritt der Argumentationsanalyse folgen, und zwar der Vergleich der rekonstruierten Struktur mit den Originaläußerungen der Argumentation. Man stellt sich die Fragen: In welcher Beziehung steht die rekonstruierte Struktur zu den Originaläußerungen? War es notwendig, viel zu kürzen, zu ergänzen, auszutauschen oder neu anzuordnen, sei es in der gesamten Argumentation oder nur in einzelnen Teilen? Hat man den Vergleich abgeschlossen, kann man sich weitergehende Gedanken über ihn machen und versuchen, zu funktionalen Deutungen der Unterschiede zu kommen. Musste man in der Rekonstruktion stark kürzen, liegt im Original also beispielsweise eine didaktische oder wiederholende Argumentation vor? Musste man viel ergänzen, ist die Argumentation im Original somit voraussetzungsreich oder komprimiert? Musste man vieles austauschen, handelt es sich folglich im Original um eine unpräzise oder aber zum Beispiel besonders kunstvoll formulierte Argumentation? Und musste man vieles neu anordnen, ist die untersuchte Argumentation mithin unüblich oder kreativ gegliedert? Dies sind nur einige mögliche Fragen, die man sich stellen kann.

2.4 Explizites in Argumentationen

Wir haben gesehen, dass es bei Rekonstruktionen darauf ankommt, den Hinweisen der Originaläußerungen so genau wie möglich zu folgen. Dazu gehört zum einen, das Explizite, ausdrücklich Formulierte, im Detail zu beachten. Dazu gehört zum anderen, das Implizite, nicht ausdrücklich Formulierte, korrekt zu erschließen. Für beides hält die Linguistik nützliche Kategorien und Konzepte bereit.

Besonders hilfreich bei der Auseinandersetzung mit dem Expliziten in Argumentationen sind die Kategorien *Gliederungssignal* und *Argumentationsindikator*. **Gliederungssignale** dienen dazu, komplexe Äußerungen oder Texte zu strukturieren und deren Aufbau deutlich zu machen. Gliederungssignale liefern Hinweise auf die Grenzen und die Verhältnisse zwischen Äußerungsteilen beziehungsweise Textelementen. Gliederungssignale können einzelne Wörter und Mehrwortausdrücke, aber zum Beispiel auch Gesten, Pausen, Leerzeilen, Fettdruck oder Spiegelstriche sein. **Argumentationsindikatoren** haben demgegenüber eine speziellere Funktion: Sie dienen dazu, Konklusionen und Gründe dafür, Einwände, argumentative Schlüsse als Ganzes und Argumentationen insgesamt als solche zu kennzeichnen. Argumentationsindikatoren liefern Hinweise auf das Vorliegen einer Argumentation und darauf, welche Äußerungsteile oder Textelemente als Konklusionen, Prämissen oder Argumente zu verstehen sind. Wiederum kann es sich um einzelne Wörter oder Mehrwortausdrücke handeln.

Nehmen wir eine TV-Ansprache als Beispiel. Es geht um eine der Ansprachen, die in der Schweiz vor Volksabstimmungen üblich sind. Darin versucht ein Mitglied des Bundesrates, der Schweizer Regierung, die Stimmberechtigten davon zu überzeugen, für oder gegen eine Vorlage zu stimmen (vgl. Schröter 2019). Die Ansprache wird hier gekürzt und in der Form eines linguistischen Gesprächstranskripts wiedergegeben:

(6) (Bundesrat 2017) {00:00:00-00:03:01}
L = Doris Leuthard, zum Zeitpunkt der Ansprache Mitglied des Bundesrates

```
0001     ((vorspann mit jingle))
0002     ((mitglied des bundesrates läuft ins Bild))
0003 L:  °hh liebe mitbürgerinnen und mitbürger
0004     °hh am einundzwanzigsten mai stimmen wir über
         das neue energiegesetz ab
0005     °h es dient dazu den energieverbrauch zu
         senken und die effizienz zu erhöhen
0006     °hh die erneuerbaren energien zu stärken
0007     °h und den bau neuer kernkraftwerke (0.21)
0008     zu verbieten (0.37)
0009     °hhh zum ersten (0.22)
0010     den energieverbrauch senken
0019     ((...)) (0.45)
0020     ((atmet 1.2 sek. ein))
0021     zum zweiten den erneuerbaren energien
0032     ((...)) (0.7)
0033     °hhh zum dritten den kernkraftwerken
0043     ((...)) (0.84)
0044     °hhh liebe mitbürgerinnen und mitbürger
         (0.36)
0052     ((...))
0053     °hh das gesetz führt unser land in eine
         moderne energiezukunft
0054     °h bundesrat und parlament
0055     °h empfehlen ihnen darum
0056     °h dem energiegesetz zuzustimmen
```

Legende: °h/°hh/°hhh = Einatmen von unterschiedlicher Dauer; in Klammern sind Pausen mit ihrer Dauer angegeben, in doppelten Klammern Auslassungen und nonverbale Ereignisse samt ihrer Dauer.

Im zitierten Ausschnitt finden sich verschiedene Gliederungssignale (fett gedruckt): *zum Ersten, zum Zweiten, zum Dritten*. Auch Pausen und langes Einatmen sowie die erneute substantivische Anrede der Adressierten bilden hier Gliederungssignale. Diese Gliederungssignale ordnen nachfolgende Äußerungsteile vorausgehenden Äußerungsteilen (nämlich den drei Hauptargumenten) und einem neuen Abschnitt zu (dem Schluss), sie zeigen die Grenze zwischen den Teilen an und markieren zugleich, welche Teile auf derselben Gliederungsebene liegen. Der zitierte Ausschnitt enthält darüber hinaus einen Argumentationsindikator (ebenfalls fett gedruckt): *darum*. Dieser Argumentationsindikator weist auf eine Konklusion hin (die in diesem Fall zugleich der Standpunkt ist). Leider kommen nicht in allen Argumentationen regelmäßig Gliederungssignale und Argumentationsindikatoren vor. Zudem führen Argumentationsindikatoren ab und zu in die Irre. Manchmal signalisiert ein Argumentationsindikator zum Beispiel, dass eine Äußerung als Konklusion aufzufassen ist, obwohl der Sinn der Äußerung dem entgegensteht.

Aufgabe 8: Welches Problem weist die folgende Äußerung auf? Achten Sie auf den Argumentationsindikator *denn*.

„Wir müssen die Einwanderung begrenzen. Denn es ist notwendig, Migration zu beschränken."

Nicht alle, aber viele Gliederungssignale und Argumentationsindikatoren stammen aus der Klasse der Konnektoren. Konnektoren kennzeichnen die „Verknüpfung von Aussagen zu Texteinheiten" (Fritz 2016: 1083). Es sind sprachliche Ausdrücke, die angeben, welcher Zusammenhang zwischen zwei Aussagen oder den in ihnen formulierten Sachverhalten besteht. Konnektoren können unterschiedlichen Wortarten angehören. Tabelle 1 und 2 stellen bekannte und häufig verwendete Konnektoren zusammen, die als Gliederungssignale oder Argumentationsindikatoren in Argumentationen vorkommen. Dabei folgt die Zuordnung der Ausdrücke zu Bedeutungsgruppen und Wortarten der Duden-Grammatik (vgl. Fritz 2016: 1091-1120).

Bedeutung	**Wortart**	**Gliederungssignale**
Additiv (eine Hinzufügung anzeigend)	Präpositionen	*einschließlich, inklusive, nebst*
	Junktionen	*geschweige denn, nicht nur ... sondern auch, sowie, sowohl ... als auch, und*
	Adverbien	*auch, außerdem, darüber hinaus, ebenso, erstens ... zweitens, ferner, überdies, zudem, zusätzlich*
Alternativ (eine Option anzeigend)	Junktionen	*beziehungsweise, entweder ... oder, oder*

Tab. 1: Wichtige Gliederungssignale

Bedeutung	Wortart	Potenzielle Argumentationsindikatoren
Konditional (ein Bedingungsverhältnis anzeigend)	Präpositionen	*im Fall von*
	Junktionen	*falls, so, sofern, wenn*
	Adverbien	*dann, sonst*
Kausal (ein Begründungsverhältnis im weiteren Sinne anzeigend; das heißt kausal im engeren Sinne, konsekutiv, final)	Präpositionen	*angesichts, aufgrund, dank, durch, infolge, um ... willen, wegen, zuliebe, zwecks*
	Junktionen	*da, denn, so dass, umso mehr als, weil, zumal*
	Partikel	*doch, eben, ja*
	Adverbien	*also, dadurch, daher, damit, darum, dementsprechend, demgemäß, demnach, deshalb, deswegen, folglich, infolgedessen, mithin, nämlich, schließlich, so, somit*
Adversativ (ein Gegensatzverhältnis anzeigend)	Präpositionen	*entgegen, gegen, statt*
	Junktionen	*allein, indes, sondern, während, zwar ... aber*
	Partikel	*aber, doch*
	Adverbien	*dagegen, einerseits ... andererseits, hingegen, indessen, jedoch, vielmehr, zum einen ... zum anderen*
Konzessiv (ein Verhältnis des unwirksamen Gegengrundes anzeigend)	Präpositionen	*trotz, ungeachtet*
	Junktionen	*obgleich, obwohl, selbst wenn, so sehr auch, wenngleich, zugegeben dass, zugestanden dass*
	Adverbien	*allerdings, dennoch, dessen ungeachtet, nichtsdestotrotz, trotzdem*
Restriktiv (ein Einschränkungsverhältnis anzeigend)	Präpositionen	*abgesehen von, außer*
	Junktionen	*außer, es sei denn*
	Adverbien	*freilich*

Tab. 2: Wichtige potenzielle Argumentationsindikatoren

Aufgabe 9: Im Folgenden finden Sie einen Online-Kommentar zu einem Zeitungsartikel der Wochenzeitung „Die Zeit", in dem es um die historische Entstehung von Rassismus geht. Identifizieren Sie darin alle Gliederungssignale und Argumentationsindikatoren aus der Klasse der Konnektoren.

„Ich denke, dass Rassismus auch aus einer ganz anderen Ecke herkommt. Vom Denken in Gut und Böse, bzw. dass man selbst der ‚Gute' wäre. Die Menschen sahen sich schon immer gerne als die Guten, die von ‚Gott auserwählten' und damit alle anderen als die Bösen an. Dadurch erhebt man sich über die Anderen und glaubt man wäre etwas besseres. Natürlich sieht man im Fremden, in Unbekannten immer das Böse. Aber es ist die Frage, ob die Religionen z. B. diesen Rassismus geschaffen haben, oder ob sie aus diesem Denken heraus entstanden sind. Denn fast alle Religionen behaupten ja, die einzig wahr zu sein und glauben anschließend, den Ungläubigen bekämpfen zu dürfen. Aber zu glauben, man wäre der ‚Gute', ist nichts anderes als Rassismus." (thorstenschlett 2018, Fehler i. O.)

Zwar weisen Gliederungssignale immer auf eine Gliederung hin, doch zeigen Ausdrücke, die als Argumentationsindikatoren fungieren können, nicht in jedem Kontext eine Argumentation an. Deshalb wurden sie in Tabelle 2 als *potenzielle Argumentationsindikatoren* bezeichnet. Die nächsten beiden Beispiele zeigen, wie die potenziellen Argumentationsindikatoren *weil* und *schließlich* jenseits von Argumentation gebraucht werden können:

(7) Weshalb bist du zu spät gekommen? **Weil** die U-Bahn nicht fuhr.

(8) Er wartete noch zehn Minuten. **Schließlich** ging er wieder nach Hause.

In Beispiel 7 zeigt *weil* kein Begründungsverhältnis zwischen zwei Aussagen, sondern ein Begründungsverhältnis zwischen zwei Sachverhalten an. Und in Beispiel 8 markiert *schließlich* gar kein Begründungsverhältnis, sondern ein Verhältnis der zeitlichen Reihenfolge. Anders verhält es sich in den folgenden beiden Beispielen. In ihnen sind *weil* und *schließlich* Argumentationsindikatoren, denn sie zeigen ein Begründungsverhältnis zwischen zwei Aussagen an:

(9) Der Film ist großartig, **weil** er das Geschehen aus verschiedenen, vollkommen unterschiedlichen Perspektiven darstellt.

(10) Wir sollten Valerie einladen. **Schließlich** ist sie deine Tante.

Bei der Entscheidung, ob ein potenzieller Argumentationsindikator tatsächlich eine Argumentation anzeigt oder ob es sich um ‚falschen Alarm' handelt, hilft die Frage, ob eine Aussage als zweifelhaft oder strittig gelten kann. Dies kann man mit Umformulierungen testen. In den zuletzt vorgestellten Beispielen kann man probeweise *wirklich* in die potenzielle Konklusion einsetzen: *Ich bin wirklich zu spät gekommen, weil ...* ergibt als Antwort auf die genannte Frage *Weshalb bist du zu spät gekommen?* wenig Sinn. *Der Film ist wirklich großartig, weil ...* ist hingegen eine sinnvolle Äußerung. Genauso ergibt *Er wartete wirklich noch zehn Minuten. Schließlich ...* wenig Sinn, wohl aber *Wir sollten Valerie wirklich einladen. Schließlich ...* Dies zeigt, dass in Beispiel 7 und 8 nichts zweifelhaft oder strittig ist und folglich keine Argumentation angezeigt wird, in Beispiel 9 und 10 hingegen schon.

Aufgabe 10: In welcher oder welchen der folgenden Äußerungen ist *daher* ein Argumentationsindikator? Warum?
(1) „[E]r blickte nach Norden. Von daher zogen dicke Regenwolken heran".
(2) „[D]as Flugzeug wird seit mehreren Tagen vermisst. Man nimmt daher an, dass es über dem Meer abgestürzt ist".
(3) „[E]r hat viel Pech gehabt. Daher kommt seine Unzufriedenheit". (Berlin-Brandenburgische Akademie der Wissenschaften (Hrsg.) 2020b)

2.5 Implizites in Argumentationen

Wir haben schon erfahren, dass es bei Rekonstruktionen auch darum geht, das Implizite, nicht ausdrücklich Formulierte korrekt zu erschließen. Auch hierfür hält die Sprachwissenschaft hilfreiche Konzepte bereit.

Als besonders nützlich für die Erschließung des Impliziten in Argumentationen haben sich die Konzepte des *indirekten Sprechakts* und der *evaluativen* und *deontischen Bedeutung* erwiesen. Das Konzept des *indirekten Sprechakts* stammt aus der *Sprechakttheorie,* die in den 1950er Jahren in der Sprachphilosophie entwickelt wurde. Heute ist sie jedoch ein theoretischer Klassiker der Linguistik, genauer, der linguistischen Pragmatik. Ihr Begründer John Austin (vgl. insbesondere 1962/2002: 109-120) stellte fest, dass man mit Äußerungen nicht nur gelegentlich, sondern generell handelt. Ausgehend von dieser Einsicht beschrieb er den Akt einer Äußerung als aus mehreren Teilakten bestehend. Bekannter als die Teilakte, die Austin unterschied, sind diejenigen seines Schülers John Searle geworden. Searle versteht unter einem *Sprechakt* die „kleinste Einheit der sprachlichen Kommunikation" und unterscheidet folgende Teilakte:

- den „Äußerungsakt"; dieser besteht in der Äußerung von sprachlichen Einheiten wie Morphemen, Wörtern und Sätzen,
- den „propositionalen Akt"; dieser besteht aus einem Bezug auf ein oder mehrere Elemente der Welt („Referenz") und einer Zuordnung von Eigenschaften dazu („Prädikation"),
- den „illokutionären Akt"; dieser besteht in der Ausführung einer funktional bestimmten Handlung, und

- den „perlokutionären Akt"; dieser besteht in der Auslösung einer Wirkung beim/bei der Rezipierenden (Searle 1969/2013: 30, 40, 42).

Indirekte Sprechakte sind laut Searle Sprechakte, bei denen die signalisierte und die eigentliche Illokution nicht übereinstimmen. Searle beschreibt sie als Sprechakte, „bei denen ein illokutionärer Akt indirekt, über den Vollzug eines andern, vollzogen wird" (Searle 1975/1982: 52). Searle bringt folgendes Beispiel dafür: „1. Student X: Komm, wir gehen heute abend ins Kino. 2. Student Y: Ich muß für eine Prüfung lernen." (Searle 1975/1982: 53) Wie hier ersichtlich ist, passt bei indirekten Sprechakten die signalisierte Illokution nicht zum Kontext. Dadurch wird laut Searle ein Schlussprozess in Gang gesetzt, an dessen Ende in diesem Beispiel die Erkenntnis steht, dass die „Feststellung" in der zweiten Äußerung eigentlich die „Ablehnung eines Vorschlags" ist (Searle 1975/1982: 54).

Relevant für die Rekonstruktion von Argumentationen ist das Konzept des *indirekten Sprechakts* zum Beispiel dann, wenn es darum geht, präskriptive Konklusionen zu identifizieren. Aus Gründen der Höflichkeit werden diese nämlich oft indirekt realisiert, so beispielsweise in folgenden argumentativen Schlüssen:

(11) Wäre es nicht besser, du würdest dich von ihr trennen? Sie hat dich ja jetzt schon mehrfach im Stich gelassen.

(12) Ich wäre Ihnen sehr dankbar, wenn Sie eine Empfehlung für mich schreiben könnten. Sie würde mir viel bei meinen Bewerbungen helfen.

Erkennt man, dass die Konklusion beider Beispiele mit einem indirekten Sprechakt vorgebracht wird, lässt sich die Mikrostruktur der Argumente korrekt rekonstruieren. Doch auch Prämissen können mit indirekten Sprechakten umgesetzt werden. Das ist in Beispiel 13 der Fall, das Beispiel 11 variiert:

(13) Meiner Ansicht nach solltest du dich von ihr trennen. Hat sie dich nicht jetzt schon mehrfach im Stich gelassen?

Auch das, was wir in der Alltagssprache als *rhetorische Frage* bezeichnen, ist also nichts anderes als ein indirekter Sprechakt.

Aufgabe 11: Analysieren Sie die folgenden argumentativen Schlüsse mithilfe des Konzepts des *indirekten Sprechakts*. Wie lautet die rekonstruierte Konklusion jeweils?

(1) „Warum gehen wir nicht etwas essen? Wir könnten dann auch gleich unsere Präsentation am Dienstag besprechen."

(2) „Ich würde noch mehr motzen und meckern. Dann wäre unser Abend endgültig verdorben."

Das zweite Konzept, das sich bei der Erschließung des Impliziten in Argumentationen bewährt hat, ist das der *evaluativen* und *deontischen Bedeutung*. Die Annahme einer evaluativen und deontischen Bedeutung wird meist auf Fritz Hermanns zurückgeführt. Ihm zufolge sind einige Wörter „Träger [...] von deskriptiven *und auch* expressiven *und auch* präskriptiven Elementen der Bedeutung" (Hermanns 1995/2012: 159, Hervorheb. i. O., ähnlich schon Klaus 1971: 21-26). Ausgehend von Hermanns werden *Wörter mit expressiver* oder, üblicher, *evaluativer Bedeutung* normalerweise als Wörter aufgefasst, die nicht (nur) etwas bezeichnen, sondern etwas (auch) bewerten oder beurteilen – und zwar kontextunabhängig. Und *Wörter mit präskriptiver* oder, anders gesagt, *deontischer Bedeutung* geben (zusätzlich) an, was sein oder nicht sein soll.

Wörter mit evaluativer Bedeutung haben häufig ebenfalls eine deontische Bedeutung und umgekehrt. Beides lässt sich oft kaum voneinander trennen. Evaluative und deontische Bedeutungen können positiv oder negativ ausgeprägt sein. *Demokratie* oder *Freiheit* sind zum Beispiel Wörter mit klar positiver evaluativer und deontischer Bedeutung: Aufgrund ihres regelmäßigen entsprechenden Gebrauchs bewerten diese Wörter das, was sie bezeichnen, positiv und geben an, dass es sein soll. Im Gegensatz dazu haben Wörter wie *Populismus* oder *Faschismus* eine deutlich negative evaluative und deontische Bedeutung: Weil die beiden Wörter in der Regel so verwendet werden, beurteilen sie das Bezeichnete negativ und besagen, dass es nicht sein soll.

Gewinnbringend für die Rekonstruktion von Argumentationen ist das Konzept der *evaluativen* und *deontischen Bedeutung* insbesondere dann, wenn es darum geht, gänzlich implizite Konklusionen und Prämissen zu erschließen. Beispiel 14 kann dies illustrieren. Es stammt aus der Auseinandersetzung um eine Schweizer Volksinitiative, die einen landesweit einheitlichen Mindestlohn vorsah. In der offiziellen Informationsbroschüre, die vor der Abstimmung an alle Stimmberechtigten verschickt wurde, nennt das Initiativkomitee unter anderem folgenden Grund dafür, dass man die Initiative annehmen soll:

(14) Ein Ja zur Mindestlohn-Initiative schafft mehr Gerechtigkeit. (Bundeskanzlei (Hrsg.) 2014: 33)

Hier liegt ein argumentativer Schluss vor, explizit formuliert wird aber nur die zweite Prämisse. Erkennt man die positive evaluative und deontische Bedeutung von *Gerechtigkeit,* lässt sich zunächst die dritte Prämisse und dann das ganze Argument mit allen drei Prämissen und Konklusion rekonstruieren:

(15) 1. Prämisse: Wenn etwas für die Folge gilt, gilt es auch für die Ursache.
      2. Prämisse: Die Annahme der Mindestlohn-Initiative ist die Ursache, mehr Gerechtigkeit ist die Folge.
      3. Prämisse: Mehr Gerechtigkeit ist zu befürworten.

      Konklusion: Die Annahme der Mindestlohn-Initiative ist zu befürworten.

Bei der Frage, ob ein Wort eine evaluative und/oder deontische Bedeutung hat, muss man sich nicht auf die eigene Intuition verlassen. Bei der Beantwortung hilft manchmal der Blick in die Bedeutungsangaben von Wörterbüchern. Allerdings verzeichnen viele Wörterbücher evaluative und deontische Bedeutungen nicht systematisch. Statt mit Wörterbüchern kann man die Frage auch mithilfe einer Kollokationsanalyse beantworten, die man über zentrale Online-Ressourcen zur deutschen Sprache durchführen kann. Kollokationsanalysen sind zum Beispiel mit den Korpora des Digitalen Wörterbuchs der deutschen Sprache möglich (vgl. Berlin-Brandenburgische Akademie der Wissenschaften (Hrsg.) 2020a) oder mit dem Deutschen Referenzkorpus DeReKo (vgl. Leibniz-Institut für Deutsche Sprache (IDS) (Hrsg.) 2020). Kollokationen sind Wörter, die in einem Korpus häufiger in der unmittelbaren Umgebung eines anderen Wortes, des Suchwortes, vorkommen, als man es in Anbetracht ihrer Häufigkeit im Korpus insgesamt erwarten würde. Abbildung 9 und 10 zeigen exemplarisch einige aussagekräftige Kollokationen von *Gerechtigkeit.* Abbildung 9 zeigt, dass *Gerechtigkeit* überzufällig oft zusammen mit Substantiven wie *Demokratie, Freiheit, Frieden, Gleichheit* oder *Solidarität* aufgezählt wird. *Gerechtigkeit* wird folglich typischerweise in einer Reihe mit weithin anerkannten Werten genannt und ist deshalb offenbar selbst ein solcher. Abbildung 10 verdeutlicht, dass *Gerechtigkeit* überzufällig häufig als Objekt von Verben wie *einfordern, einklagen, herstellen, verwirklichen, zuführen, ...* vorkommt. *Gerechtigkeit* bezeichnet demnach typischerweise etwas, für das Menschen sich einsetzen. Die Kollokationsanalyse ergibt somit, dass *Gerechtigkeit* ein Wort mit positiver evaluativer und deontischer Bedeutung ist.

in Koordination mit		ist Akk./Dativ-Objekt von	
Arbeit	Chancengleichheit	anmahnen definieren	dienen
Demokratie	Fairness	einfordern	einklagen
Fortschritt	**Freiheit**	erkämpfen fordern	garantieren
Friede	Frieden	gewährleisten	**herstellen**
Gleichheit	Innovation	predigen	siegen
Menschenrecht		verbürgen	verhelfen
Menschlichkeit	**Recht**	verwirklichen	walten
Sicherheit	**Solidarität**		**widerfahren**
Toleranz	Vernunft Versöhnung		**wiederherstellen**
Wahrheit	Wohlstand	zuführen	üben

Abb. 9 und 10: Kollokationen von *Gerechtigkeit,* erstellt durch das Digitale Wörterbuch der deutschen Sprache (https://dwds.de/wp?q=Gerechtigkeit&comp-method=diff&comp=&pos=2&minstat=0&minfreq=5&by=log-Dice&limit=20&view=cloud, Abfrage: 09.09.2020)

Aufgabe 12: Eine Schweizer Confiserie wirbt auf ihrer Website mit dem nachstehenden Text für sich. Markieren Sie darin alle Wörter, bei denen Sie eine positive evaluative und/oder deontische Bedeutung vermuten.

„Die Confiserie […] verwöhnt seit über 175 Jahren Kundinnen und Kunden weltweit mit ihren erlesenen Köstlichkeiten aus Schweizer Schokolade. Pralinés, Luxemburgerli und Torten bis hin zu Sandwiches und Dessert werden alle aus besten Zutaten liebevoll von Hand gefertigt. Die Spezialitäten sind in den […]-Verkaufsgeschäften in der Schweiz sowie via Onlineshop erhältlich, wo jederzeit und von überall bequem eingekauft werden kann." (Confiserie Sprüngli 2019)

2.6 Zusammenfassung

Die Makrostruktur einer Argumentation ist ihr Aufbau aus argumentativen Schlüssen. Man analysiert sie, indem man zunächst den Standpunkt, also die ranghöchste Konklusion, und dessen Art bestimmt. Zu ihrer Analyse gehört weiterhin, dass man erfasst, ob pro und/oder contra den Standpunkt argumentiert wird. Auch sollte man ermitteln, wie viele argumentative Schlüsse es gibt und ob sie im Verhältnis der Koordination oder Subordination, das heißt der Neben- oder Unterordnung stehen.

Die Mikrostruktur einer Argumentation ist die Zusammensetzung ihrer argumentativen Schlüsse aus Prämissen und Konklusion. Die Mikrostruktur lässt sich mit dem Schema Stephen Toulmins beschreiben, das jedoch auch Nachteile hat. Deshalb wird hier ein anderes Modell vorgeschlagen. Analysiert man die Mikrostruktur einer

Argumentation damit, bestimmt man bei allen argumentativen Schlüssen drei Prämissen und die dazugehörige Konklusion.

Bei vielen Argumentationen ist es jedoch nicht so einfach, die Makro- und Mikrostruktur zu erkennen. Oft muss man diese rekonstruieren, das heißt, man muss die Originaläußerungen in der Analyse umformulieren. Es kann notwendig sein, sie zu kürzen, zu ergänzen, auszutauschen und neu anzuordnen. Wichtig ist, dass man sich bei der Rekonstruktion konsequent an gewisse Regeln hält. Die rekonstruierte Struktur vergleicht man anschließend mit den Originaläußerungen.

Die Linguistik hält Kategorien und Konzepte bereit, die bei der Rekonstruktion helfen können. Dazu gehören *Gliederungssignal* und *potenzieller Argumentationsindikator, indirekter Sprechakt* sowie *evaluative* und *deontische Bedeutung*.

Tabelle 5 (S. 88-89) bietet eine Übersicht über alle Schritte einer Argumentationsanalyse, die in dieser Einführung behandelt wurden und werden.

Grundbegriffe: Makrostruktur, Mikrostruktur, Standpunkt, Koordination, Subordination, Rekonstruktion, Transformation, Gliederungssignal, Argumentationsindikator.

Weiterführende Literatur: Ein informatives Kapitel zur Makrostruktur von Argumentationen und zur Rekonstruktion findet sich bei Eemeren/Grootendorst (2004: 95-122). Zur Mikrostruktur von Argumentationen sei das bekannte Kapitel von Toulmin (1958/1975: 88-98) empfohlen. Kopperschmidt (1989: 122-228) macht Vorschläge für Mikro- und Makrostrukturanalysen, die von den hier gegebenen abweichen. Eine ergiebige Informationsressource zu Konnektoren ist das Handbuch von Pasch/Brauße/Breindl u. a. (2003-2014). Für das Konzept des *indirekten Sprechakts* sind Searles Überlegungen (1975/1982) grundlegend; treffend zusammengefasst wird es von Finkbeiner (2015: 19-21). Das Konzept der *evaluativen* und *deontischen Bedeutung* wiederum wird vor allem in Hermanns (1995/2012) entwickelt und von Girnth (2002/2015: 60-61) gut auf den Punkt gebracht.

3. Schemata

Ein **Argumentationsschema** ist ein abstraktes Muster für argumentative Schlüsse, das inhaltlich-thematisch unterschiedlich gefüllt werden kann. Geht man vom Modell der Mikrostruktur einer Argumentation aus, das in Kapitel 2.2 vorgeschlagen wurde, ist die Kenntnis der Argumentationsschemata zentral für die Analyse der Mikrostruktur. Rekonstruiert man die Mikrostruktur eines argumentativen Schlusses, tut man nämlich nichts anderes, als die Originaläußerungen auf ein Argumentationsschema zurückzuführen. Man sucht das passende Argumentationsschema und füllt die vorgesehenen drei Prämissen und die Konklusion mit Elementen aus den Originaläußerungen.

Hat man die Mikrostruktur rekonstruiert, hat man somit automatisch auch die Argumentationsschemata bestimmt. Basierend darauf kann man Aussagen darüber machen, welche Argumentationsschemata überhaupt in der Argumentation vorkommen, welche hingegen nicht, welche besonders häufig und welche besonders selten realisiert werden.

Die Frage, welche Muster oder Typen von argumentativen Schlüssen man unterscheiden sollte, hat schon seit der Antike die Aufmerksamkeit Gelehrter auf sich gezogen. Die Typologie von Argumentationsschemata, die im Folgenden vorgestellt wird, lehnt sich vor allem an drei bekannte moderne Einteilungen an: an die von Chaïm Perelman und Lucie Olbrechts-Tyteca (1958/1971), die von Arthur Hastings (1962) und insbesondere die von Manfred Kienpointner (1992). Alle drei Einteilungen orientieren sich wiederum an vorausgehenden, älteren. Alle drei erweisen sich allerdings in der Praxis entweder als zu umfangreich und detailliert oder aber als zu knapp und unvollständig für die Analyse von Argumentationen aus dem wirklichen Leben. Auch geht keine von ihnen von drei Prämissen aus. Die folgende Typologie von Argumentationsschemata weist deshalb nicht nur Gemeinsamkeiten mit den drei genannten Typologien auf, sondern auch Unterschiede ihnen gegenüber. Sie enthält die wichtigsten Argumentationsschemata, erhebt jedoch keinen Anspruch auf Vollständigkeit (für die Publikation einer vorausgehenden Version vgl. Schröter/Thome 2020: 293-297).

3.1 Argumentationsschemata

Argumente durch Definition lassen sich in der Regel auf folgendes Schema zurückführen:

1. Prämisse: Wenn etwas für die Definition/Paraphrase gilt, gilt es auch für das Definierte/Paraphrasierte.
2. Prämisse: A ist die Definition/Paraphrase, B ist das Definierte/Paraphrasierte.
3. Prämisse: Für A gilt C.

Konklusion: Für B gilt C.

Es wird also von einer Definition auf das Definierte oder von einer Paraphrase, also Umschreibung, auf das Paraphrasierte, also Umschriebene geschlossen. Ein Beispiel für den Schluss von einer Definition auf das Definierte ist:

(1) 1. Prämisse: Wenn etwas für die Definition gilt, gilt es auch für das Definierte.
2. Prämisse: ‚Nicht-menschliche Lebewesen, die Empfindungen und Gefühle haben' ist die Definition, *Tier* ist das Definierte.
3. Prämisse: Nicht-menschlichen Lebewesen, die Empfindungen und Gefühle haben, stehen Grundrechte zu.

Konklusion: Tieren stehen Grundrechte zu.

Im wirklichen Leben würde dieser Schluss natürlich etwas unvollständiger und ungenauer formuliert, zum Beispiel so: *Tiere stehen Grundrechte zu, weil Tiere eine Art von Lebewesen sind, die erwiesenermaßen Empfindungen und Gefühle haben.*

Das Argumentationsschema funktioniert mit deskriptiven, evaluativen und präskriptiven Konklusionen.

Argumente durch Einordnung können normalerweise einem der folgenden drei Schemata zugeordnet werden.

(i) Argument über ein Verhältnis von Eigenschaft/Handlung und Identität/Qualität/Einstellung:

1. Prämisse: Wenn etwas/jemand eine charakteristische Eigenschaft aufweist/Handlung vollzieht, weist es/sie/er auch die entsprechende Identität/Qualität/Einstellung auf.
2. Prämisse: A ist die charakteristische Eigenschaft/Handlung, B ist die entsprechende Identität/Qualität/Einstellung.
3. Prämisse: C weist A auf/vollzieht A.

Konklusion: C ist/weist B auf.

Es wird also von einer Eigenschaft auf eine umfassendere Identität oder Qualität oder aber von einer Handlung auf eine dauerhaftere Einstellung geschlossen. Auch Mischungen gibt es, also Fälle, in denen zum Beispiel von einer Handlung auf eine Identität geschlossen wird. Ein Beispiel für den Schluss von einer Eigenschaft auf eine Qualität ist:

(2) 1. Prämisse: Wenn etwas eine charakteristische Eigenschaft aufweist, weist es auch die entsprechende Qualität auf.
2. Prämisse: Voller Fehler zu sein, ist die charakteristische Eigenschaft, ungenügend zu sein, ist die entsprechende Qualität.
3. Prämisse: Die Seminararbeit ist voller Fehler.

Konklusion: Die Seminararbeit ist ungenügend.

Das Argumentationsschema funktioniert mit deskriptiven und evaluativen Konklusionen. Es kann auch umgekehrt formuliert werden: Wenn etwas/jemand eine charakteristische Identität/Qualität aufweist, weist es/sie/er auch die entsprechende Eigenschaft auf … Oder auch: Wenn jemand eine charakteristische Einstellung aufweist, vollzieht sie/er auch die entsprechende Handlung …

(ii) Argument über ein Verhältnis von Genus und Spezies/Ober- und Unterbegriff:

1. Prämisse: Wenn etwas für das Genus/den Oberbegriff gilt, gilt es auch für die Spezies/den Unterbegriff.
2. Prämisse: A ist das Genus/der Oberbegriff, B ist die Spezies/der Unterbegriff.
3. Prämisse: Für A gilt C.

Konklusion: Für B gilt C.

Es wird also von einem Genus, das heißt einer Gattung, auf eine Spezies, das heißt eine Art, oder von einem Oberbegriff auf einen Unterbegriff geschlossen. Ein Beispiel für den Schluss von einem Genus auf eine Spezies ist:

(3) 1. Prämisse: Wenn etwas für das Genus gilt, gilt es auch für die Spezies.
2. Prämisse: Hülsenfrüchte sind das Genus, Erbsen sind die Spezies.
3. Prämisse: Hülsenfrüchte sind gesund.

Konklusion: Erbsen sind gesund.

Das Argumentationsschema funktioniert mit deskriptiven, evaluativen und präskriptiven Konklusionen.

(iii) Argument über ein Verhältnis von Ganzem und Teil:
>1. Prämisse: Wenn etwas für das Ganze gilt, gilt es auch für den Teil.
>2. Prämisse: A ist das Ganze, B ist der Teil.
>3. Prämisse: Für A gilt C.
>-----------
>Konklusion: Für B gilt C.

Es wird also von einem Ganzen auf einen Teil davon geschlossen. Ein Beispiel ist:

(4)
>1. Prämisse: Wenn etwas für das Ganze gilt, gilt es auch für den Teil.
>2. Prämisse: Die Universität ist das Ganze, die Philosophische Fakultät ist der Teil.
>3. Prämisse: Die Universität muss Sparmaßnahmen ergreifen.
>-----------
>Konklusion: Die Philosophische Fakultät muss Sparmaßnahmen ergreifen.

Das Argumentationsschema funktioniert mit deskriptiven, evaluativen und präskriptiven Konklusionen. Es kann auch umgekehrt formuliert werden: Wenn etwas für den Teil gilt, gilt es auch für das Ganze ...

Argumente durch Vergleich realisieren im Normalfall eines der folgenden drei Schemata.

(i) Argument über ein Ähnlichkeitsverhältnis:
>1. Prämisse: Wenn etwas für eine erste Entität gilt, gilt es auch für eine ähnliche Entität.
>2. Prämisse: A ist die erste Entität, B ist die ähnliche Entität.
>3. Prämisse: Für A gilt C.
>-----------
>Konklusion: Für B gilt C.

Entität wird hier und im Folgenden als Ausdruck für Größen jeglicher Art verwendet: für Personen, Sachen, Zustände, Vorgänge und so weiter. Bei einem Argument über ein Ähnlichkeitsverhältnis wird also von einer Größe auf eine ähnliche Größe geschlossen. Ein Beispiel ist:

(5)
>1. Prämisse: Wenn etwas für eine erste Entität gilt, gilt es auch für eine ähnliche Entität.
>2. Prämisse: Professorin Meyer ist die erste Entität, ihr Meisterschüler ist die ähnliche Entität.
>3. Prämisse: Professorin Meyer ist hervorragend.
>-----------
>Konklusion: Ihr Meisterschüler ist hervorragend.

Das Argumentationsschema funktioniert mit deskriptiven, evaluativen und präskriptiven Konklusionen.

(ii) Argument über ein Analogieverhältnis:

    1. Prämisse: Wenn etwas für eine erste Entität gilt, gilt es auch für eine analoge Entität.
    2. Prämisse: A ist die erste Entität, B ist die analoge Entität.
    3. Prämisse: Für A gilt C.

    Konklusion: Für B gilt C.

Es wird also von einer Größe auf eine analoge Größe geschlossen. Während zwei Größen, die einander ähneln, zum selben Wirklichkeitsbereich gehören (zum Beispiel zu einer Berufsgruppe), sind zwei Größen, die einander analog sind, Teil unterschiedlicher Wirklichkeitsbereiche (etwa Tiere der Vergangenheit und Unternehmen der Gegenwart). Ein Beispiel für ein Argument über ein Analogieverhältnis ist:

(6)   1. Prämisse: Wenn etwas für eine erste Entität gilt, gilt es auch für eine analoge Entität.
    2. Prämisse: Dinosaurier sind die erste Entität, traditionelle Banken sind die analoge Entität.
    3. Prämisse: Dinosaurier sind ausgestorben.

    Konklusion: Traditionelle Banken sterben aus.

Das Argumentationsschema funktioniert mit deskriptiven, evaluativen und präskriptiven Konklusionen.

(iii) Argument über ein Gegensatzverhältnis:

    1. Prämisse: Wenn etwas für eine erste Entität gilt, gilt es nicht für eine inkompatible andere Entität.
    2. Prämisse: A ist die erste Entität, B ist die inkompatible andere Entität.
    3. Prämisse: Für A gilt C.

    Konklusion: Für B gilt nicht C.

Es wird also von einer Größe auf eine gegensätzliche Größe geschlossen. Ein Beispiel ist:

(7) 1. Prämisse: Wenn etwas für eine erste Entität gilt, gilt es nicht für eine inkompatible andere Entität.
2. Prämisse: Während der Tatzeit beim Basketball-Training zu sein, ist die erste Entität, während der Tatzeit am Tatort zu sein, ist die inkompatible andere Entität.
3. Prämisse: Der Ehemann des Toten war während der Tatzeit beim Basketball-Training.

Konklusion: Der Ehemann des Toten war während der Tatzeit nicht am Tatort.

Das Argumentationsschema funktioniert mit deskriptiven, evaluativen und präskriptiven Konklusionen.

Argumente über ein Kausalverhältnis lassen sich in der Regel auf folgendes Schema zurückführen:

1. Prämisse: Wenn etwas für die Ursache gilt, gilt es auch für die Folge.
2. Prämisse: A ist die Ursache, B ist die Folge.
3. Prämisse: Für A gilt C.

Konklusion: Für B gilt C.

Es wird also von einer Ursache auf eine Folge geschlossen. Ein Beispiel ist:

(8) 1. Prämisse: Wenn etwas für die Ursache gilt, gilt es auch für die Folge.
2. Prämisse: Ausreichend Bewegung ist die Ursache, ein geringeres Risiko für einen Schlaganfall oder Herzinfarkt ist die Folge.
3. Prämisse: Sie haben ausreichend Bewegung.

Konklusion: Sie haben ein geringeres Risiko für einen Schlaganfall oder Herzinfarkt.

Das Argumentationsschema funktioniert mit deskriptiven, evaluativen und präskriptiven Konklusionen. Es kann auch umgekehrt formuliert werden: Wenn etwas für die Folge gilt, gilt es auch für die Ursache ... Bei einem Schluss von einer Folge auf eine Ursache mit einer evaluativen oder präskriptiven Konklusion liegt ein sogenanntes *pragmatisches Argument* vor. Da dieser Subtyp im Alltag sehr häufig vorkommt, wird er in Kapitel 4.3 genauer erläutert.

Argumente durch Induktion (über Beispiele) können normalerweise diesem Schema zugeordnet werden:

> 1. Prämisse: Wenn etwas für ein oder mehrere repräsentative Exemplare eines Typs gilt, gilt es auch für den Typ.
> 2. Prämisse: $A_1, A_2, A_3 \ldots A_N$ sind die repräsentativen Exemplare, B ist der Typ.
> 3. Prämisse: Für $A_1, A_2, A_3 \ldots A_N$ gilt C.
> ------------
> Konklusion: Für B gilt C.

Es wird also von einem oder mehreren Beispielen auf einen Typ geschlossen. Ein Beispiel ist:

> (9) 1. Prämisse: Wenn etwas für ein oder mehrere repräsentative Exemplare eines Typs gilt, gilt es auch für den Typ.
> 2. Prämisse: Die Versuchsratten 1 bis 20 sind die Exemplare, Ratten sind der Typ.
> 3. Prämisse: Für die Versuchsratten 1 bis 20 war dieser Wirkstoff tödlich.
> ------------
> Konklusion: Für Ratten ist dieser Wirkstoff tödlich.

Das Argumentationsschema funktioniert mit deskriptiven, evaluativen und präskriptiven Konklusionen.

Argumente über die Eigenschaft einer These realisieren beispielsweise folgendes Schema:

> 1. Prämisse: Wenn eine Autorität (etwa ein Experte oder die Mehrheit) der Ansicht ist, dass etwas für einen Gegenstand ihres Kompetenzbereichs gilt, gilt es auch für den Gegenstand ihres Kompetenzbereichs.
> 2. Prämisse: A ist die Autorität, B ist der Gegenstand ihres Kompetenzbereichs.
> 3. Prämisse: A ist der Ansicht, dass für B C gilt.
> ------------
> Konklusion: Für B gilt C.

Es wird also von der Eigenschaft einer These (zum Beispiel der Eigenschaft, von einer Autorität vertreten zu werden, oder auch der Eigenschaft, neu oder traditionell zu sein oder einen Kompromiss zu bilden) darauf geschlossen, dass die These zutreffend, angemessen beziehungsweise richtig ist. Ein Beispiel ist:

(10) 1. Prämisse: Wenn eine Autorität der Ansicht ist, dass etwas für einen Gegenstand ihres Kompetenzbereichs gilt, gilt es auch für den Gegenstand ihres Kompetenzbereichs.
2. Prämisse: Transparency International ist die Autorität, die Parteienfinanzierung in unserem Land ist der Gegenstand ihres Kompetenzbereichs.
3. Prämisse: Transparency International ist der Ansicht, dass die Parteienfinanzierung in unserem Land die Korruption fördert.

Konklusion: Die Parteienfinanzierung in unserem Land fördert die Korruption.

Das Argumentationsschema funktioniert mit deskriptiven, evaluativen und präskriptiven Konklusionen.

Aufgabe 13: Rekonstruieren Sie die Mikrostruktur der folgenden Argumente. Welches Argumentationsschema wird jeweils umgesetzt?

(1) „Ich kann Ihre Seminararbeit leider nicht mehr annehmen. Die verspäteten Arbeiten zweier anderer Studierender habe ich ebenfalls nicht mehr angenommen."

(2) „Wir sehen hier an der Wohnungstür deutliche Spuren von Gewaltanwendung. Die Täter haben also offenbar die Wohnungstür aufgebrochen."

(3) „Sie sollten keine Passwörter wie Ihr Geburtsdatum oder *123456* wählen, die einfach zu erraten sind. Sie lassen ja auch Ihr Fahrrad nicht einfach unabgeschlossen stehen."

(4) „Dafür [Argumente für die Ehe für alle, J.S.] [...] Der Staat sollte nichts darin zu sagen haben, wie erwachsene Menschen ihr Leben führen wollen. Wenn zwei Menschen sich lieben und heiraten möchten, dann sollte ihnen das erlaubt sein, egal welche Hautfarbe, Religion, Nationalität oder Geschlecht sie haben." (Debating Europe 2020)

(5) „Fabian Wolff: [...] der Kampf gegen antidemokratische, zersetzende Strömungen und die Lehren aus dem Faschismus sind ja ins Grundgesetz eingeschrieben. Also, wenn man es simpel machen will: Ja, jeder hat dieselbe Verantwortung [an den Holocaust zu erinnern]." (Dardan/Hermsmeier/Wolff 2019: 12)

(6) „Für graue Wände spricht [...] schon die Kunstgeschichte: Bereits Rembrandt wählte für die meisten seiner Porträts einen grauen

Hintergrund [...], auch El Greco benutzte Grau gerne auf diese Weise." (Rützel 2019: 74)
(7) „Waren Sie in Ihrer Schulzeit beliebt oder unbeliebt, und was haben Sie daraus politisch gelernt?
[Sibylle Berg:] Es entspricht nicht meiner Überzeugung, über Biografisches zu sprechen." (Berg 2019: 10)
(8) „[Peter Weidinger, Abgeordneter im österreichischen Nationalrat, begründet das ‚Recht auf Barzahlung', J.S.:] Bargeld ist Freiheit" (Vogt 2019: 28).

3.2 Verbindungen zwischen Argumentationsschemata

Es gibt argumentative Schlüsse, die sich zwei Argumentationsschemata zuordnen lassen. Dies kann daran liegen, dass einige Argumentationsschemata einander ähneln. Genauer gesagt, formulieren die Wenn-dann-Prämissen einiger Argumentationsschemata Relationen zwischen zwei abstrakten Begriffen, deren Anwendungsbereiche sich an den Rändern überlappen. Gewisse Zuordnungsschwierigkeiten liegen also ‚in der Natur der Sache'. Abbildung 11 zeigt, zwischen welchen Schemata eine besonders enge Verbindung besteht.

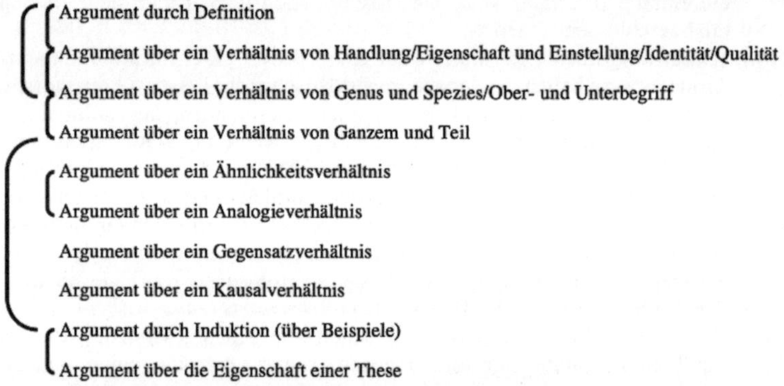

{
{ Argument durch Definition
  Argument über ein Verhältnis von Handlung/Eigenschaft und Einstellung/Identität/Qualität
  Argument über ein Verhältnis von Genus und Spezies/Ober- und Unterbegriff
  Argument über ein Verhältnis von Ganzem und Teil
{ Argument über ein Ähnlichkeitsverhältnis
  Argument über ein Analogieverhältnis
  Argument über ein Gegensatzverhältnis
  Argument über ein Kausalverhältnis
{ Argument durch Induktion (über Beispiele)
  Argument über die Eigenschaft einer These

Abb. 11: Argumentationsschemata, die einander ähneln

Deutlicher wird das Gemeinte an einem konkreten Beispiel:

(11) Stufe 3 ist, glaube ich, zu heiß für Brötchen [= Konklusion]. Ich habe gestern ein Roggenbrötchen auf Stufe 3 im Ofen gebacken, und es war nach kürzester Zeit verbrannt [= explizite Prämisse].

Das Beispiel ist einerseits als Argument durch Induktion (über Beispiele) zu verstehen: Das erwähnte Roggenbrötchen kann man als repräsentatives Exemplar begreifen, Brötchen generell als Typ. Andererseits könnte man hier jedoch auch ein Argument über ein Verhältnis von Ganzem und Teil erkennen: Das Roggenbrötchen, von dem hier die Rede ist, ließe sich als Teil auffassen, von dem auf die Menge aller Brötchen als Ganzes geschlossen würde.

Es gibt allerdings durchaus Schlüsse, die man im Gegensatz zu Beispiel 11 lediglich einem der beiden Schemata zuordnen kann. Solche Schlüsse machen klar, dass es sinnvoll ist, die beiden Argumentationsschemata zu unterscheiden:

(12) Dieser Aufzug ist momentan defekt [= Konklusion], weil ein Tragseil defekt ist [= explizite Prämisse].

(13) Ich habe Florian schon mehrfach am Sonntagvormittag im Park joggen sehen [= explizite Prämisse]. Er geht offenbar regelmäßig am Sonntagvormittag joggen [= Konklusion].

Beispiel 12 ist eindeutig ein Argument über ein Verhältnis von Ganzem und Teil. Das defekte Tragseil kann nicht als repräsentatives Exemplar des Typs Aufzug gelten. Hingegen ist es in Beispiel 13 einzig sinnvoll, von einem Argument durch Induktion auszugehen. Bestimmte Sonntagvormittage als Teil und alle Sonntagvormittage als Ganzes zu betrachten, ist abwegig, da es ja immer wieder neue Sonntagvormittage, also gar kein abgeschlossenes Ganzes gibt.

Manche Schwierigkeiten bei der Zuordnung von argumentativen Schlüssen zu Argumentationsschemata lassen sich also kaum vermeiden. Lässt sich ein argumentativer Schluss auf zwei Schemata zurückführen, kann man sich für eines davon entscheiden. Wichtig ist aber, dass man in der Analyse alle Zweifelsfälle gleich behandelt. Man sollte sich also in allen vergleichbaren Fällen für dasselbe Schema entscheiden.

Hat man die Mikrostruktur und mit ihr die Schemata einer Argumentation erschlossen, kann man sich weitergehende Gedanken über sie machen und versuchen, sie funktional zu deuten. Was folgt aus der Mikrostruktur und den Schemata? Werden zum Beispiel viele Argumente über ein Kausalverhältnis vorgetragen, die auf Folgen einer vorgeschlagenen Lösung hinweisen, ist die Argumentation also auf die Konsequenzen einer Entscheidung in der Zukunft hin orientiert? Oder werden viele Argumente über die Eigenschaft einer These realisiert, die auf Experten verweisen, so dass die Argumentation stark an Autoritäten orientiert ist? Oder werden etwa viele Argumente über ein Analogieverhältnis gegeben, die die Argumentation zwar bildhaft und überraschend machen, aber eigentlich sachfremd sind? Dies sind nur einige mögliche Fragen, die man sich stellen kann.

3.3 Zusammenfassung

Ein Argumentationsschema ist ein abstraktes Muster für argumentative Schlüsse, das inhaltlich-thematisch unterschiedlich gefüllt werden kann. Gemäß dem hier vorgeschlagenen Modell bestimmt man die Argumentationsschemata einer Argumentation im Rahmen der Analyse der Mikrostruktur. Rekonstruiert man die Mikrostruktur eines argumentativen Schlusses, führt man nämlich die Originaläußerungen auf ein Argumentationsschema zurück, das aus drei Prämissen und einer Konklusion besteht. Ist man bei allen Schlüssen einer Argumentation so vorgegangen, kann man analysieren, welche Argumentationsschemata in der Argumentation wie häufig vorkommen.

Ab und zu trifft man auf argumentative Schlüsse, die sich auf zwei Argumentationsschemata zurückführen lassen. Das liegt daran, dass zwischen einigen Schemata sachliche Ähnlichkeiten bestehen. Lässt sich ein argumentativer Schluss auf zwei Schemata zurückführen, kann man sich für eines davon entscheiden. Man sollte sich jedoch in allen vergleichbaren Zweifelsfällen für dasselbe Schema entscheiden.

Tabelle 5 (S. 88-89) bietet eine Übersicht über alle Schritte einer Argumentationsanalyse, die in dieser Einführung behandelt wurden und werden.

Grundbegriffe: Argumentationsschema.

Weiterführende Literatur: Zu den besonders bekannten Zusammenstellungen von Argumentationsschemata gehören die drei oben erwähnten Typologien: diejenige von Perelman/Olbrechts-Tyteca (1958/1971), die umfangreich, allerdings nicht immer einfach verständlich ist, diejenige von Hastings (1962), die übersichtlich ist, aber im Detail Fragen aufwirft, und diejenige von Kienpointner (1992), die genau, jedoch nicht immer leicht anzuwenden ist. Einen theoretisch fundierten Neuansatz bieten jüngst Rigotti/Greco (2019).

4. Inhaltliche Muster

Die bisher vorgestellten fünf Analyseschritte sind gemäß dem hier vorgestellten Modell in jeder Argumentationsanalyse notwendig, also obligatorisch. Die Analyseschritte, die in den weiteren Kapiteln dieses Buches vorgestellt werden, sind demgegenüber nicht unbedingt nötig, sie sind optional. Ob man sie geht oder nicht, hängt vom Untersuchungsinteresse ab. Interessiert man sich dafür, welche inhaltlichen Gemeinsamkeiten mehrere oder viele Argumentationen zum selben Thema oder zur selben Frage aufweisen, ist man auf der Suche nach inhaltlichen Regelmäßigkeiten oder Mustern. In der germanistischen Linguistik beschäftigen sich viele Untersuchungen, die Argumentationen betreffen, mit inhaltlichen Mustern darin.

4.1 Musterhafte Standpunkte und Prämissen in Argumentationen

Die einfachste Möglichkeit, inhaltliche Muster in Argumentationen zu erfassen, besteht darin, **musterhafte Standpunkte** zu identifizieren. Ein musterhafter Standpunkt ist eine ranghöchste Konklusion, die in unterschiedlichen Formulierungen in verschiedenen Argumentationen wiederkehrt. Analysiert man zum Beispiel 20 Argumentationen zur Frage *Welche Maßnahmen sollte die Regierung angesichts der derzeitigen Pandemie ergreifen?* ist es denkbar, dass zehn Argumentationen den Standpunkt aufweisen: *Die Regierung sollte eine Ausgangssperre für alle verhängen.* Sieben Argumentationen könnten den Standpunkt vertreten: *Die Regierung sollte alle Veranstaltungen verbieten und alle öffentlich zugänglichen Einrichtungen schließen, die nicht der Grundversorgung dienen.* Und als Standpunkt der letzten drei Argumentationen könnte man sich vorstellen: *Die Regierung sollte gar keine Verbote verhängen.* Derselbe Standpunkt würde allerdings wohl in den verschiedenen Argumentationen unterschiedlich formuliert. Der Standpunkt *Die Regierung sollte eine Ausgangssperre für alle verhängen* könnte beispielsweise in einer Argumentation lauten: *Ein Ausgangsverbot für alle ist die einzige Lösung.* In einer anderen Argumentation könnte man etwa folgende Formulierung finden: *In der aktuellen Situation hat die Regierung keine Wahl mehr: Als sinnvolle Maßnahme bleibt ihr nur noch, eine sofortige Ausgangssperre zu verhängen.* Die Suche nach musterhaften Standpunkten ist vor allem dann gewinnbringend, wenn verschiedene Thesen zu einem Thema, verschiedene Einschätzungen einer Person oder Sache oder auch verschiedene Lösungsvorschläge für ein Problem konkurrieren oder konkurrieren könnten und man wissen möchte, welche davon in einer Zeitphase, Sprachregion, einem politischen Lager oder Ähnlichem dominieren. Zusätzlich kann man erfassen, welche Gründe mehrfach für denselben Standpunkt gegeben werden. Man ist dann auf der Suche nach **musterhaften zweiten und dritten Prämissen** (zu diesen und musterhaften Standpunkten vgl. Schröter/Thome 2020: 270, 298). Damit sind inhaltlich-thematisch spezifizierte zweite oder dritte Prämissen im hier vorgestellten Modell eines argumentativen Schlusses gemeint, die in unterschiedlichen Formulierungen in verschiedenen Argumentationen wiederkehren. Eine musterhafte Prämisse für den Standpunkt *Die Regierung sollte gar keine Verbote verhängen* könnte zum Beispiel sein: *Verbote sind massive Eingriffe in die Freiheit der Bürger*. Es handelt sich dabei genau genommen um die zweite Prämisse eines Arguments durch Definition, das sich so rekonstruieren lässt:

(1) 1. Prämisse: Wenn etwas für die Definition gilt, gilt es auch für das Definierte.
2. Prämisse: ‚Ein massiver Eingriff in die Freiheit der Bürger' ist die Definition, *Verbot* ist das Definierte.
3. Prämisse: Die Regierung sollte keine massiven Eingriffe in die Freiheit der Bürger vornehmen.

Konklusion: Die Regierung sollte keine Verbote verhängen.

Diese zweite Prämisse würde vermutlich in den verschiedenen analysierten Argumentationen unterschiedlich formuliert. In einem Text könnte sie lauten: *Verbote sind eine gravierende Beschränkung der bürgerlichen Freiheit*. In einem anderen Text könnte sie hingegen so formuliert werden: *Zwangsschließungen und Ausgangssperren – das sind unverhältnismäßige staatliche Freiheitsberaubungen*.

Nehmen wir noch ein weiteres Beispiel, diesmal ein Beispiel für eine musterhafte dritte Prämisse: Angenommen, es gibt eine gesellschaftliche Debatte darüber, ob Deutschland sparen soll oder nicht. Eine musterhafte Prämisse für den Standpunkt *Deutschland muss sparen* könnte dann sein: *Andere EU-Staaten müssen sparen*. Dabei handelt es sich um die dritte Prämisse eines Arguments über ein Ähnlichkeitsverhältnis, das folgendermaßen zu rekonstruieren ist:

(2) 1. Prämisse: Wenn etwas für eine erste Entität gilt, gilt es auch für eine ähnliche Entität.
2. Prämisse: Andere EU-Staaten sind die erste Entität, Deutschland ist die ähnliche Entität.
3. Prämisse: Andere EU-Staaten müssen sparen.

Konklusion: Deutschland muss sparen.

In den untersuchten Argumentationen könnte diese dritte Prämisse lauten: *Länder wie Frankreich, Belgien, die Niederlande und Österreich sparen derzeit auch.* Alternativ ist denkbar: *Auch zahlreiche andere Mitgliedsstaaten der EU sind gezwungen, Haushaltsanpassungen vorzunehmen.* Es ist sinnvoll, nach musterhaften zweiten und dritten Prämissen zu suchen, wenn man herausfinden möchte, welche Argumente in einer Zeitphase, Sprachregion, einem politischen Lager oder Ähnlichem besonders oft für oder gegen einen Standpunkt ins Feld geführt werden. Da Prämissen ja mit dem Anspruch verbunden sind, unstrittig zu sein, ermöglicht die Identifizierung von verbreiteten oder gar dominanten Prämissen auch Rückschlüsse darauf, was von den beteiligten Akteuren für unstrittig gehalten wird. Dies kann nach der Analyse selbstverständlich auch zum Gegenstand einer kritischen Reflexion werden, die gesellschaftliche Vorurteile, fragwürdige Einschätzungen oder sogar Irrtümer entlarvt.

Wie an den bisherigen Ausführungen deutlich geworden ist, gibt es keine abgeschlossene Liste von musterhaften Standpunkten sowie zweiten und dritten Prämissen, die bereits vor der Argumentationsanalyse feststünde. Das unterscheidet musterhafte Standpunkte, zweite und dritte Prämissen von den Argumentationsschemata, die in Kapitel 3.1 vorgestellt wurden. Musterhafte Standpunkte und Prämissen muss man aus dem gewählten Untersuchungsmaterial ableiten. Es ist dabei nicht vorgegeben, wie stark sich einzelne Formulierungen maximal unterscheiden dürfen, um als Realisierungen desselben musterhaften Standpunkts oder derselben musterhaften Prämisse gelten zu können. Dies hängt ebenso von den Zielen der Analyse ab wie von der Zahl und Art der Argumentationen, die für die Analyse ausgewählt worden sind.

4.2 Argumentative Topoi

Das Konzept des *Topos* eignet sich ebenfalls dazu, inhaltliche Muster in Argumentationen zu beschreiben. Der Ausdruck *Topos* wird allerdings in der Geschichte und in der Gegenwart sehr unterschiedlich verwendet. In der heutigen Alltagssprache versteht man darunter oft so viel wie ‚Gemeinplatz', ‚abgegriffene, formelhafte Redensart'. Innerhalb der Argumentationsforschung wird unter *Topos* hingegen in der Regel etwas anderes verstanden, wobei die Vielzahl der Verständnisse ein anerkanntes Problem ist. Manchmal wird *Topos* zum Beispiel im Sinne von ‚Locus' oder ‚Fundort für Argumente' verwendet, manchmal aber auch mit der Bedeutung ‚Argumentationsschema' oder gar im Sinne von ‚musterhafte Prämisse'. In der germanistischen Linguistik hat das Topos-Verständnis Martin Wengelers eine besonders große Bekanntheit erreicht.

Nach Wengeler (beispielsweise 2007) ist ein **argumentativer Topos** eine musterhafte inhaltlich-thematisch bestimmte Schlussregel, wie wir sie im Toulmin'schen Modell kennengelernt haben. Im hier vorgestellten Modell eines argumentativen Schlusses ließe sich ein Topos als inhaltlich-thematisch spezifizierte erste Prämisse beschreiben, die diversen argumentativen Schlüssen zugrunde liegt. Das Konzept des *Topos* soll nach Wengeler „Aufschlüsse über kollektives, gesellschaftliches Wissen" in „thematisch bestimmten öffentlichen Diskursen" geben (Wengeler 2007: 165). Im Anschluss an Lothar Bornscheuer hat ein Topos für Wengeler vier „Strukturmerkmale" (Wengeler 2007: 167-168): Ein Topos

- ist „gewohnheitsmäßig und kollektiv verbreitet",
- kann „jeweils für und gegen die in Frage stehenden Positionen eingesetzt werden",
- wird von den „sprechenden Individuen mit ihren Interessen und Intentionen" wiederholt, die ihn jedoch „gleichzeitig mit jeder sprachlichen Handlung modifizieren", und
- kann „in verschiedener Weise sprachlich/symbolisch realisiert werden".

Zwei Beispiele für Topoi, die Wengeler im bundesdeutschen Diskurs über Migration zwischen 1960 und 1985 identifiziert hat, sind „Weil eine Handlung unter wirtschaftlichen Gesichtspunkten einen/keinen Nutzen bzw. Schaden erbringt, sollte sie ausgeführt/nicht ausgeführt werden" oder auch „Nur wenn Zuwanderer bereit sind, sich an Regeln und Werte, die in Deutschland gelten, anzupassen und eigene Anstrengungen zu unternehmen, kann die Integration von Zuwanderern gelingen und weitere Einwanderung zugelassen werden" (Wengeler 2007: 171, 174). Wie hier ersichtlich ist, formuliert Wengeler seine Topoi in der Regel mit *Weil ..., ...* oder *Wenn ..., ...* Vor allem die Formulierung mit *Wenn ..., ...* entspricht dem Schlussregel-Charakter von Topoi sowie deren Eigenschaft, für und gegen eine These eingesetzt werden zu können. Tabelle 3 nennt systematisch die Gemeinsamkeiten und Unterschiede zwischen den oben vorgestellten musterhaften zweiten und dritten Prämissen und Wengelers argumentativen Topoi.

Ein argumentativer Topos	Eine musterhafte Prämisse
• ist eine inhaltlich-thematisch bestimmte Aussage,	
• ist ein Teil argumentativer Schlüsse,	
• kehrt in mehreren oder vielen Argumentationen wieder,	
• zeigt sich immer wieder in anderen Formulierungen,	
• lässt sich im hier vorgestellten Modell als spezifizierte Wenn-dann-Prämisse, also als erste Prämisse bestimmen und	• lässt sich im hier vorgestellten Modell als zweite oder dritte Prämisse bestimmen und
• kann für und gegen eine These eingesetzt werden.	• wird nur für oder nur gegen einen Standpunkt eingesetzt.

Tab. 3: Die Gemeinsamkeiten und Unterschiede zwischen den oben vorgestellten musterhaften Prämissen und argumentativen Topoi

Analysiert man konkrete Argumentationen, ist es oft nicht so leicht, inhaltlich-thematisch bestimmte Schlussregeln beziehungsweise Wenn-dann-Prämissen zu abstrahieren, die immer wieder vorkommen und zugleich für und gegen eine These eingesetzt werden können. Erfahrungsgemäß ist es einfacher, Gründe aufzuspüren, die vielfach für oder gegen einen bestimmten Standpunkt gegeben werden. Das ist der Grund, warum dem Konzept der *argumentativen Topoi* nach Wengeler in dieser Einführung das Konzept der *musterhaften Prämissen* an die Seite gestellt wird.

Aufgabe 14: Im Folgenden finden Sie zwei kurze Argumentationen. Lassen sich darin eine oder mehrere musterhafte Prämissen identifizieren, die den Standpunkt *Studiengebühren sind zu befürworten* stützen? Können Sie auch einen oder mehrere argumentative Topoi ausfindig machen?

(1) „Für Studiengebühren spricht, dass die Zahl der Schein-Studierenden gesenkt wird und die Unis sich mehr Lehrpersonal leisten können. Dagegen spricht, dass ärmere Studierende vom Studium abgehalten werden."

(2) „Wir brauchen Studiengebühren. Unsere Universitäten können damit neue Dozierende anstellen. Die Zahl derjenigen, die sich zwar einschreiben, aber nicht ernsthaft studieren, nimmt ab. Auch führen Studiengebühren zu mehr Gerechtigkeit, weil nicht mehr nur die Allgemeinheit für das teure Studium weniger Privilegierter zahlen muss."

4.3 Höhere Werte in pragmatischen Argumenten

Es gibt noch weitere fruchtbare Möglichkeiten, inhaltliche Muster in Argumentationen aufzudecken. Eine davon ist die Frage nach höheren Werten, mit denen wiederkehrend argumentiert wird. **Höhere Werte** sind abstraktere begehrte und geschätzte Güter wie Frieden, Freiheit, Solidarität, Zuneigung und so weiter. Die Suche nach höheren Werten ist dann sinnvoll, wenn in den untersuchten Argumentationen vor allem sogenannte *pragmatische Argumente* vorkommen. Pragmatische Argumente sind sehr verbreitet, zum Beispiel in Argumentationen für und gegen Handlungsoptionen im privaten, beruflichen und öffentlichen Leben.

Das pragmatische Argument ist ein spezieller Typ des Arguments über ein Kausalverhältnis. Chaïm Perelman und Lucie Olbrechts-Tyteca nennen „that argument *pragmatic* which permits the evaluation of an act or an event in terms of its favorable or unfavorable consequences" (Perelman/Olbrechts-Tyteca 1958/1971: 266, Hervorheb. i. O.). Bei einem pragmatischen Argument wird mithin von der Wünschbarkeit oder Nicht-Wünschbarkeit der Folge auf die Wünschbarkeit oder Nicht-Wünschbarkeit der Ursache geschlossen. Der Standpunkt kann evaluativ oder auch präskriptiv sein, oft changiert er zwischen beidem. Das Argumentationsschema lautet:

> 1. Prämisse: Wenn etwas für die Folge gilt, gilt es auch für die Ursache.
> 2. Prämisse: A ist die Folge, B ist die Ursache.
> 3. Prämisse: A ist zu befürworten/abzulehnen.
> -----------
> Konklusion: B ist zu befürworten/abzulehnen.

Wird ein pragmatisches Argument geliefert, kann man sich fragen, welchen höheren Wert A, also die Folge, repräsentiert. Ein pragmatisches Argument liegt zum Beispiel vor, wenn argumentiert wird, dass man in ein Start-up investieren soll, weil man damit eine hohe Rendite erzielen kann. Das Argument lässt sich so rekonstruieren:

> (3) 1. Prämisse: Wenn etwas für die Folge gilt, gilt es auch für die Ursache.
> 2. Prämisse: Eine hohe Rendite ist die Folge, die Investition in das Start-up ist die Ursache.
> 3. Prämisse: Eine hohe Rendite ist zu befürworten.
> -----------
> Konklusion: Die Investition in das Start-up ist zu befürworten.

Der höhere Wert, mit dem hier argumentiert wird, ist wirtschaftlicher Gewinn. Mit demselben höheren Wert könnte man allerdings auch gegen die Investition argumentieren: Man solle nicht investieren, weil das Risiko eines wirtschaftlichen Verlustes zu groß sei. Andere

Argumente für oder gegen die Beteiligung könnten jedoch ganz andere höhere Werte betreffen, beispielsweise die Machbarkeit. Man könnte etwa argumentieren, dass man nicht in das Start-up investieren soll, weil man die nötigen finanziellen Mittel nicht hat. Es ist nützlich, nach wiederkehrend aktivierten höheren Werten zu suchen, wenn in einer Debatte auf verschiedene abstraktere begehrte und geschätzte Güter Bezug genommen wird oder werden könnte, und man herausfinden möchte, welche davon in einer Zeitphase, Sprachregion, einem gesellschaftlichen Milieu oder Ähnlichem besonders stark angesprochen werden. So kann man mithilfe der Analyse von Argumentationen Erkenntnisse darüber gewinnen, welche höheren Werte in bestimmten kleineren und größeren sozialen Gruppen besonders wichtig sind. Bei der praktischen Planung einer Argumentation kann es übrigens auch hilfreich sein, sich zu fragen, welche höheren Werte wohl für das Zielpublikum die entscheidenden sind.

Höhere Werte bilden wiederum keine abgeschlossene Liste. Sie sind in hohem Maße kulturspezifisch. Die Durchsicht zahlreicher zeitgenössischer politischer Debatten in der Schweiz, Deutschland und Österreich ergibt die folgenden beiden Listen höherer Werte, die in vielen pragmatischen Argumenten aktiviert werden. Zu den prozessualen Werten zählen

- Traditionserhalt/Fortsetzung des Bewährten,
- Machbarkeit/Unkompliziertheit,
- Flexibilität/zukünftige Anpassungsmöglichkeiten und
- Notwendigkeit (aufgrund veränderter äußerer Bedingungen).

Zu den materiell spezifizierten Werten gehören

- wirtschaftlicher Gewinn/Wohlstand/materielle Vorteile,
- Sicherheit/Frieden,
- Gesundheit,
- Freiheit,
- Demokratie,
- Rechtsstaatlichkeit/Gerechtigkeit,
- Humanität,
- Minderheitenschutz/Diversität,
- Umwelt-/Klimaschutz,
- Imagewerte (wie Ansehen) und
- emotionale/Erlebniswerte (wie Zuneigung).

Aufgabe 15: Im Folgenden finden Sie zwei stark argumentative Textausschnitte von den Websites der deutschen und schweizerischen Veganen Gesellschaft. Finden Sie alle pragmatischen Argumente für den Standpunkt *Eine vegane*

Lebensweise ist zu befürworten, isolieren Sie die Folgen, die darin genannt werden, und ordnen Sie sie höheren Werten zu.

(1) „Vegan im Alltag
Vegan zu leben ist heutzutage sehr einfach, sehr lecker, unkompliziert, für ein langes, gesundes und vitales Leben sehr hilfreich – und für die Zukunft unseres Planeten von entscheidender Bedeutung. Und ganz sicher gilt auch: Wo ein Wille, ist auch ein Weg. Eine stetig wachsende Zahl von Millionen vegan lebender Menschen weltweit zeigt, dass man alltäglich und ohne Kompromisse konsequent vegan leben kann. Je mehr Menschen dieses tun, um so näher kommen wir einem friedlicheren Zustand auf unserem Planeten, der überhaupt erst ein Überleben seiner Bewohner ermöglicht. Die Veganisierung unserer Welt zur Abschaffung der unbeschreiblichen Grausamkeiten gegen die so genannten ‚Nutz'tiere – und dem damit eng verbundenen Erhalt unserer eigenen Lebensgrundlagen hat gerade erst begonnen." (Vegane Gesellschaft Deutschland [o. J.], Fehler i. O.)

(2) „Argumente
[…] Vegan zu leben heisst, ein System, das systematisch Tiere leiden lässt, nicht zu unterstützen. […]
Für die Tiere
Für Fleisch muss ein Tier getötet werden. Dass dies Leid verursacht ist den meisten Menschen klar. Aber was spricht gegen Milch, Eier und Leder? […]
Für deine Gesundheit
Die Schweizer Bevölkerung konsumiert zu viele Tierprodukte. Eine vermehrt pflanzliche Ernährung bringt viele gesundheitliche Vorteile mit sich. […]
Für die Umwelt
Eine vegane Lebensweise ist ein Beitrag zum Klimaschutz, sie schont die Umwelt und verbraucht viel weniger Ressourcen." (Vegane Gesellschaft Schweiz [o. J.], Fehler i. O.)

4.4 Zusammenfassung

Es gibt mehrere Möglichkeiten, inhaltliche Muster zu ermitteln, die sich in mehreren oder vielen Argumentationen zeigen. Erstens kann man nach musterhaften Standpunkten suchen. Ein musterhafter Standpunkt ist eine ranghöchste Konklusion, die in unterschiedlichen Formulierungen in verschiedenen Argumentationen wiederkehrt. Zweitens kann man musterhafte Prämissen bestimmen. Dabei handelt es sich im hier vorgestellten Modell eines argumentativen Schlusses um inhaltlich-thematisch spezifizierte zweite oder dritte Prämissen, die in unterschiedlichen Formulierungen in verschiedenen Argumentationen wiederkehren.

Eine dritte Möglichkeit ist, argumentative Topoi zu bestimmen. Der Ausdruck *Topos* wird in der Argumentationsforschung sehr unterschiedlich gebraucht. Innerhalb der germanistischen Linguistik ist das Topos-Verständnis Martins Wengelers besonders bekannt. Ihm zufolge ist ein argumentativer Topos eine inhaltlich-thematisch spezifizierte Schlussregel, die diversen unterschiedlich formulierten argumentativen Schlüssen zugrunde liegt und die sowohl für als auch gegen eine These eingesetzt werden kann.

Bei Argumentationen, die viele pragmatische Argumente enthalten, besteht eine zusätzliche Option. Bei pragmatischen Argumenten wird von der Wünschbarkeit einer Folge auf die Wünschbarkeit der Ursache geschlossen. Bei jedem pragmatischen Argument kann man fragen, welchen höheren Wert die behauptete Folge repräsentiert. So kann man ermitteln, mit welchen abstrakteren begehrten Gütern wiederkehrend argumentiert wird.

Tabelle 5 (S. 88-89) bietet eine Übersicht über alle Schritte einer Argumentationsanalyse, die in dieser Einführung behandelt wurden und werden. Der Schritt, der in diesem Kapitel vorgestellt wurde, setzt die Analyse mehrerer oder vieler Argumentationen voraus. Wenn mehrere oder viele Argumentationen untersucht werden, sind die Schritte 1 bis 5 bei allen Argumentationen durchzuführen.

Grundbegriffe: Musterhafter Standpunkt, musterhafte zweite oder dritte Prämisse, argumentativer Topos, höherer Wert.

Weiterführende Literatur: Ostheeren/Kalivoda/Ranieri u. a. (2009) geben eine ausführliche, aber nicht immer leicht verständliche Übersicht über verschiedene Topos-Verständnisse seit der Antike. Eine methodisch anregende Studie, in der wiederkehrende Argumente im Migrationsdiskurs identifiziert werden, hat Niehr (2004) vorgelegt. Ebenfalls den Migrationsdiskurs betrifft Wengelers Studie (2003), in der das beschriebene Toposkonzept maßgeblich entwickelt wird. Eine aktuelle Übersicht über verschiedene Arten von toposbezogenen Argumentationsanalysen gibt Wengeler (2017). Dazu gehört auch Josef Kleins Ansatz, der auf die politische Kommunikation ausgerichtet ist (Klein 2019: 75-85).

5. Beziehungsgestaltung

Analysiert man eine oder mehrere Argumentationen, kann es sehr aufschlussreich sein, auf die Gestaltung der Beziehung zwischen den Beteiligten zu achten. Die Frage, wie in einer Argumentation die Beziehung zwischen den Beteiligten gestaltet wird, ist allerdings in der Argumentationsforschung, auch der germanistisch-linguistischen, bislang deutlich seltener gestellt worden als zum Beispiel die Frage nach Typen argumentativer Schlüsse oder inhaltlichen Mustern in Argumentationen.

Sie überschneidet sich zwar mit der traditionsreichen Frage, die sich die Rhetorik, die Lehre von der Redekunst, seit der Antike zu Argumentationen stellt: Wie kann man eine Argumentation so gestalten, dass sie das Publikum überzeugt? Die beiden Fragen sind aber nicht deckungsgleich. Denn erstens zielt die Frage, wie in einer Argumentation sprachlich die Beziehung zwischen den Beteiligten gestaltet wird, auf das, was ist, nicht auf das, was man tun sollte. Zweitens setzt die Frage nach der Beziehungsgestaltung nicht voraus, dass das Ziel der Beziehungsgestaltung die Überzeugung der anderen Beteiligten ist. Umgekehrt setzt die Frage nach den Überzeugungsmöglichkeiten nicht unbedingt voraus, dass die Überzeugung über die Beziehungsebene verläuft.

Die Frage nach der Gestaltung der Beziehung zwischen den Beteiligten ist wesentlich, weil Argumentationen für die Beziehung der Argumentierenden eine besondere Herausforderung darstellen können. Was ist damit gemeint?

5.1 Argumentationen und Beziehungen

Wie in Kapitel 1.1 dargestellt wurde, ist eine Argumentation eine primär sprachliche Praktik, die auf eine Überwindung oder Verringerung des Zweifels an einem Standpunkt oder der Verschiedenheit von Standpunkten zielt. Ausgehend davon lassen sich drei **Grundkonstellationen** unterscheiden, also basale Verhältnisse von Personen und Standpunkten, in denen Argumentationen stattfinden:

- Konstellation 1+1: *Eine* Person bearbeitet den Zweifel an *einem* Standpunkt. Die Konstellation 1+1 ist zum Beispiel in selbstreflexiven Texten wie Tagebucheinträgen, Briefen oder Pro-und-Contra-Listen zu finden, die als Entscheidungshilfe fungieren. Sie unterliegt zudem vielen wissenschaftlichen Texten.
- Konstellation n+1: *Zwei (drei, vier, ... bis zu n)* Personen bearbeiten gemeinsam den Zweifel an *einem* Standpunkt. Die Konstellation n+1 ist beispielsweise in Gesprächen im Freundeskreis oder zwischen Familienangehörigen anzutreffen, in denen die Beteiligten das Für und Wider einer Handlungsoption abwägen. Die Konstellation begegnet zudem in zahlreichen professionellen (therapeutischen, juristischen, technischen, ...) Beratungsgesprächen.

- Konstellation n+n: *Zwei (drei, vier, ... bis zu n)* Personen bearbeiten eine Verschiedenheit von *zwei (drei, vier, ... bis zu n)* Standpunkten. Jede Person vertritt einen Standpunkt und argumentiert für ihn oder auch gegen die Standpunkte der anderen. Die Konstellation n+n ist unter anderem in privaten oder beruflichen Verhandlungen oder auch in politischen Diskussionen zu beobachten. Sie wird oft als die prototypische Konstellation angesehen, in der Argumentationen stattfinden.

Argumentationen, die in der Konstellation n+n entstehen, können für die Beziehung der Argumentierenden eine besondere Herausforderung darstellen, weil solche Argumentationen einen Widerspruch beinhalten. In der Konstellation n+n vertritt eine Person einen Standpunkt und (mindestens) eine andere Person einen abweichenden Standpunkt. Wer den einen Standpunkt vertritt, impliziert somit zwangsläufig, dass der andere Standpunkt nicht zutreffend, angemessen beziehungsweise richtig ist. Auch expliziter Widerspruch ist natürlich möglich. Da Widerspruch uns oft verärgert oder verletzt, kann Widerspruch bedrohlich für die jeweilige Beziehung sein.

Um die Bedrohlichkeit von Widerspruch genauer zu beschreiben, eignet sich das Konzept des *face-threating acts (FTA),* das Penelope Brown und Stephen C. Levinson im Rahmen ihrer Höflichkeitstheorie entwickelt haben. Brown und Levinson gehen davon aus, dass bestimmte Akte, bestimmte elementare kommunikative Handlungen also, aus sich selbst heraus bedrohlich sind: „[I]t is intuitively the case that certain kinds of acts intrinsically threaten face, namely those acts that by their nature run contrary to the face wants of the addressee and/or of the speaker." (Brown/Levinson 1978/1987: 65) Im Anschluss an Erving Goffman und in Anlehnung an die alltägliche Redeweise, dass jemand *das Gesicht gewahrt* oder *verloren* hat, bestimmen Brown und Levinson (1978/1987: 61) *face* als „public self-image that every member [of a society] wants to claim for himself". *Face* ist folglich eine Art positives Bild oder ein bestimmter Status, das/den man bei anderen haben möchte. „[C]ontradictions or disagreements" werden von Brown und Levinson ausdrücklich zu den *face-threatening acts* gezählt (Brown/Levinson 1978/1987: 66). Weil Widerspruch mithin *face* bedroht, reagieren Personen, denen widersprochen wird, oft negativ. So kann Widerspruch die Beziehung bedrohen. Empirisch beobachten lässt sich in Argumentationen allerdings nicht nur dies, sondern auch das Umgekehrte: dass eine Bedrohung beziehungsweise Verschlechterung der Beziehung – die häufig in Zusammenhang mit einer Bedrohung von *face* steht – Widerspruch verstärkt.

Mit dem Widerspruch, den Argumentationen in der Konstellation n+n voraussetzen, können die Beteiligten prinzipiell auf zwei Weisen umgehen: Zum einen können sie den Widerspruch forcieren und die Beziehung dadurch und/oder mit weiteren kommunikativen Mitteln bedrohen. Damit können sie eine Einigung in der strittigen Frage erschweren. Dann argumentieren sie **konfliktorientiert**. Dies lässt sich zum Beispiel in politischen Diskussionen beobachten, in denen jemand nicht den oder die argumentativen Gegenspieler, den **Opponenten,** sondern das Publikum dazu bewegen will, dem eigenen Standpunkt zuzustimmen. Zu diesem Zweck wird oft in Kauf genommen, dass ein Konflikt mit dem Opponenten entsteht, erhalten bleibt oder sich vertieft. Zum anderen können die Beteiligten den Widerspruch und dessen Bedrohlichkeit für die Beziehung abschwächen und/oder die Beziehung mit weiteren kommunikativen Mitteln pflegen. Dadurch können sie eine Einigung in der strittigen Frage begünstigen. Dann argumentieren sie **konsensorientiert.** Konfliktorientierung und Konsensorientierung in Argumentationen sind freilich Pole auf einer Skala. Zwischen ausgeprägter Konflikt- und ausgeprägter Konsensorientierung gibt es viele Zwischenstufen.

5.2 Konfliktorientierung in Argumentationen

Eine starke Konfliktorientierung lässt sich beispielsweise in einer Rede beobachten, die Alice Weidel am 21. November 2018 im Rahmen der zweiten Beratung über den Bundeshaushalt 2019 im deutschen Bundestag hielt. Weidel war zum damaligen Zeitpunkt Co-Vorsitzende der Bundestagsfraktion der rechtsextremen Partei AfD und zugleich Oppositionsführende im Bundestag. Institutionell vorgesehen war eine Debatte über den Haushaltsplan für „Bundeskanzlerin und Bundeskanzleramt". Der Haushaltsplan war von Angela Merkels Bundesregierung erstellt worden. Die Bundeskanzlerin und ihre Anhängerschaft vertraten folglich den Standpunkt *Der Plan ist anzunehmen*. Von Alice Weidel als Oppositionsführender war zu erwarten, dass sie den Standpunkt *Der Plan ist abzulehnen* vertreten und mit Argumenten begründen würde. Weidels Rede beginnt so:

(1) Sehr geehrter Herr Präsident! Sehr geehrte Damen und Herren! Liebe Kollegen! Zum zweiten Mal in diesem Jahr beraten wir über den Entwurf eines Bundeshaushalts. Dazugelernt hat Ihre Regierung seither nichts, Frau Bundeskanzlerin. […] Sie betreiben weiterhin eine Politik der Spaltung und der Unvernunft, eine Politik des Ausgabenwahns und der falschen Prioritäten, eine Politik, die den noch vorhandenen Wohlstand von heute bedenkenlos mit vollen Händen ausgibt und verschleudert, ohne an morgen zu

denken. [...] Geändert hat sich aber die ökonomische Grundlage, auf der Sie diesen Ausverkauf betreiben. Das wirtschaftliche Fundament bröckelt. Ihre Politik ignoriert konsequent die ökonomische Vernunft. Sie setzt die Interessen des eigenen Landes und der eigenen Bürger an die letzte Stelle. Dafür rennen Sie ideologischen Weltbeglückungsfantasien hinterher, und das hält auch die stärkste Volkswirtschaft auf Dauer nicht ohne Schaden aus. (Weidel 2018: 7293)

In diesem Ausschnitt lassen sich mehrere Mittel beobachten, die auch in vielen anderen Argumentationen zur Konfliktorientierung beitragen:

- die Verschiebung des Standpunkts von der Sache zu Person: Statt den Standpunkt *Der Entwurf des Plans ist abzulehnen* argumentativ zu vertreten, argumentiert Weidel für den Standpunkt *Angela Merkel und ihre Politik sind abzulehnen*. Wird wie hier der Standpunkt von der Sache zur Person verschoben, wird also (in erster Linie) gegen den Opponenten argumentiert, spricht man traditionell von *argumenta ad hominem*. Der Opponent reagiert darauf normalerweise negativ.
- die direkte Anrede des Opponenten: Weidel wendet sich wiederholt direkt an Merkel *(Ihre Regierung, Frau Bundeskanzlerin, Sie, ...)*. Wer einen abweichenden Standpunkt vertritt und zugleich den Opponenten mit substantivischen oder pronominalen Personenbezeichnungen anspricht, macht unmissverständlich, dass der Opponent als Person irrt oder falsch liegt. Dies wird in der Regel als konfrontativ aufgefasst.
- negative lexikalische Bewertungen: Weidel verwendet zahlreiche Wörter, die Merkels Handlungen stark abqualifizieren. Wenn Positionen, Handlungen oder Eigenschaften des Opponenten mit lexikalischen Mitteln negativ bewertet werden, kann dies grundsätzlich auf zwei Weisen geschehen (vgl. dazu Kapitel 2.5): einmal explizit, insbesondere durch die Verwendung von Adjektiven und Substantiven, deren Hauptbedeutung eine negative Qualität ist *(falschen, Schaden, ...)*; einmal implizit, durch Wörter, die neben ihrer denotativen Hauptbedeutung eine negative evaluative und/oder deontische Bedeutung aufweisen *(Ausgabenwahn, verschleudert, Weltbeglückungsfantasien, ...)*. Wenn Positionen, Handlungen oder Eigenschaften des Opponenten auf eine oder auf beide genannten Weisen negativ bewertet werden, führt das im Normalfall zu einer ablehnenden Reaktion.
- die Pauschalisierung und Übertreibung von Aussagen: Weidel stellt Merkels Vorgehen als uneingeschränkt und über die Maßen negativ dar *(Dazugelernt hat Ihre Regierung seither nichts, Ihre*

Politik ignoriert konsequent die ökonomische Vernunft, ...). Wer sich so pauschal und übertrieben über den Opponenten und dessen/deren Positionen äußert, muss mit Irritation und dem Vorwurf rechnen, Falsches zu verbreiten.
- nicht-sprachliche Aggression: Wie in der Videoaufzeichnung deutlich wird, tritt Weidel – alltagssprachlich formuliert – mit feindseliger Miene und giftigem Tonfall auf. Wenn jemand seine Argumentation mit nicht-sprachlichen Modalitäten ablehnend oder aggressiv gestaltet, also zum Beispiel mit Kopfschütteln und hochgezogenen Augenbrauen, mit übertriebenen Akzenten und erhöhter Lautstärke spricht oder aber mit Großbuchstaben, in Rot und mit vielen Ausrufezeichen schreibt, dann wird dies häufig mit Gegenaggression quittiert (zu Modalitäten vgl. Kapitel 6.1).

Aufgabe 16: Im September 2019 hielt die damals 16-jährige Greta Thunberg, die durch ihren Einsatz für den Klimaschutz bekannt geworden ist, beim UNO-Klimagipfel eine Rede, in der sie der regierenden Generation Fehlverhalten vorwarf. In der österreichischen Zeitung „Wochenblick" reagierte eine Medienschaffende und Angehörige dieser Generation mit einem „[o]ffenen Brief" an Thunberg, in dem sie einen anderen Standpunkt einnahm. Wie gestaltet sie in ihrer Argumentation die Beziehung zu Thunberg? Nennen Sie verschiedene sprachliche Mittel, und geben Sie Beispiele dafür aus dem Text.

„Mit Tränen in den Augen beschuldigst Du ‚Uns' pauschal, wir hätten Dir Deine Träume, Deine Kindheit gestohlen […] Deine aufgestachelten Worte entspringen einer grenzenlosen Ahnungslosigkeit. Denn, ist es nicht gerade Deine Generation, die diese Wegwerfgesellschaft am Leben erhält? Du und Deine Altersgenossen leben in einem nie dagewesenen, materiellen Überfluss, den ihr wie selbstverständlich beansprucht und Euren Eltern abverlangt. […] Wie scheinheilig Eure Proteste doch sind! Kinder in Deinem Alter verursachen mehr CO_2 als alle Jugendgenerationen davor. Eure Schränke sind voller Kleider, von Kindersklaven in Asien genäht. Eure coolen Smartphones und Tablets landen regelmäßig als Schrott in den armen Ländern. Alles, was ihr im Überfluss habt und fordert, wird mit CO_2-Ausstoss produziert und zumeist importiert. Gerade Ihr seid deshalb kein Vorbild für eine klimafreundliche Gesellschaft. Deshalb, liebe Greta, nimm lieber Deine Altersgenossen ins Gebet und widme ihnen Deinen Zorn. Bei uns ist er nämlich völlig fehl am Platz." (Kirchweger 2019, Fehler i. O.)

5.3 Konsensorientierung in Argumentationen

Verkehrt man die in Kapitel 5.2 beschriebenen Mittel in ihr Gegenteil, erhält man wichtige Mittel, die in Argumentationen zur Konsensorientierung beitragen:

- Sachlichkeit: Damit ist gemeint, dass die vorgetragenen Argumente die Sache – also die eigentlich strittige Frage – und nicht den Opponenten betreffen.
- das Absehen vom Opponenten: Darunter ist zu verstehen, dass auf die Anrede und überhaupt auf die Erwähnung des Opponenten verzichtet wird.
- keine negativen, allenfalls positive lexikalische Bewertungen: Dies bedeutet, dass Handlungen oder Eigenschaften des Opponenten mit explizit wertenden Adjektiven und Substantiven oder auch mit Wörtern mit evaluativer und/oder deontischer Bedeutung nicht negativ, sondern höchstens positiv beurteilt werden. Dazu gehört auch, dass Standpunkte und Argumente des Opponenten nicht als *falsch, irreführend, Unsinn, Quatsch, Verzerrung der Tatsachen* oder Ähnliches bezeichnet werden, dass ihr/ihm also nicht explizit widersprochen wird.
- indirekte Sprechakte und das *hedging* von Aussagen: Bei präskriptiven Standpunkten besteht die Möglichkeit, sie als indirekte Sprechakte zu formulieren, wie es in Kapitel 2.5 beschrieben wurde. Unter *hedging* versteht man, dass man eine Aussage mit Vorbehalten formuliert. Eine *gehedgte* Aussage ist so formuliert, dass Skepsis gegenüber einem verwendeten Ausdruck deutlich wird (mit Ausdrücken wie *sagen wir mal, sozusagen, wenn man so will*), dass Ausnahmen gegenüber einer genannten Regel zugelassen werden (mit Ausdrücken wie *häufig, meistens, normalerweise, tendenziell*) oder dass die Gewissheit oder auch Objektivität des Gesagten eingeschränkt wird (mit Ausdrücken wie *ich glaube, vermutlich, wahrscheinlich* oder *aus meiner Sicht, aus dieser Perspektive, so gesehen*) (vgl. Schröter 2018: 176-179).
- nicht-sprachliche Zurückhaltung: Damit ist gemeint, dass Mimik, Gestik und Stimme oder dass Schrift und Bild zumindest dezent und neutral gestaltet sind. Ob einzelne mimische, gestische, stimmliche, graphische oder bildliche Merkmale als eher aggressiv oder eher zurückhaltend gelten können, ist allerdings nicht immer leicht zu entscheiden. Wie man die Bedeutungen und Funktionen nicht-sprachlicher Zeichen generell ermitteln kann, wird in Kapitel 6.1 erläutert.

Weitere häufig gebrauchte Mittel, die in Argumentationen der Konsensorientierung dienen, sind:
- das *flagging* der Argumentation: *Flaggt* jemand eine Argumentation, kennzeichnet sie/er die Argumentation und/oder die vorgetragenen Argumente explizit als *Argumentation* oder *Argumente*.

Sie/er hält damit gleichsam eine Fahne hoch, auf der *Achtung! Argumentation!* steht. Dies kann so verstanden werden, dass Widerspruch und Einwände ein erwartbarer Teil der gewählten Praktik und folglich nicht persönlich zu nehmen sind.
- Nachfragen: Erkundigt sich jemand, was der Opponent genau meint, bekundet sie/er ein ernsthaftes Interesse daran, die Position des Opponenten zu verstehen. Dies kann als Interesse an einer Einigung gedeutet werden.
- Konzessionen: Gesteht jemand zu, dass der Opponent in einem bestimmten Punkt recht hat, kann dies als Bereitschaft dazu aufgefasst werden, sich von den besseren Argumenten überzeugen zu lassen.

Die Mittel der Konflikt- und Konsensorientierung in Argumentationen, die in Kapitel 5.2 und in diesem Kapitel genannt wurden, sind besonders verbreitet. Es gibt jedoch noch viele weitere.

Aufgabe 17: Nach einem politischen Skandal im Mai 2019, der sogenannten *Ibiza-Affäre* um zwei ranghohe Politiker der rechten Partei FPÖ, wandte sich der österreichische Bundespräsident Alexander Van der Bellen mit einer Rede an die Bevölkerung. Darin argumentierte er dafür, dass sich die österreichische Bevölkerung nicht von der Politik abwenden solle. Im Folgenden finden Sie einen Ausschnitt aus der Rede. Wie gestaltet Van der Bellen in seiner Argumentation die Beziehung zur Bevölkerung? Nennen Sie verschiedene sprachliche Mittel, und geben Sie Beispiele dafür aus dem Text.

„Wir alle haben ein Sittenbild gesehen, das Grenzen zutiefst verletzt. Ein Bild der Respektlosigkeit, des Vertrauensbruchs, der politischen Verwahrlosung. Der Schaden, den diese Bilder anrichten, ist noch nicht abzuschätzen. Besonders, weil viele jetzt in einer ersten Reaktion sagen: ‚Typisch Politiker!' oder ‚Die sind doch eh alle gleich!'. Ich verstehe, dass man im ersten Schock so reagiert. Aber ich bitte Sie, genauer hinzusehen. […] Ich bin überzeugt davon, niemand geht in die Politik, um die eben genannten Grenzen zu verletzen. Politikerinnen und Politiker wollen das Leben in einer Gesellschaft verbessern und ordnen diesem Ziel für gewöhnlich viel unter – im Privatleben und in anderen Bereichen. Und manchmal kommen sie von ihrem Weg ab. Und überschreiten Grenzen, verletzen Menschen, zerstören Vertrauen. Und in diesem Sinne entschuldige ich mich für das Bild, das die Politik bei uns gerade hinterlassen hat. So sind wir nicht! So ist Österreich einfach nicht!" (Van der Bellen 2019)

5.4 Zusammenfassung

Man kann drei Grundkonstellationen unterscheiden, in denen Argumentationen stattfinden: Eine Person bearbeitet den Zweifel an einem Standpunkt, zwei (oder mehr) Personen bearbeiten gemeinsam den Zweifel an einem Standpunkt, oder zwei (oder mehr) Personen bearbeiten eine Verschiedenheit der Standpunkte.

Argumentationen, die in der letztgenannten Konstellation entstehen, können für die Beziehung der Argumentierenden eine besondere Herausforderung darstellen, weil sie einen Widerspruch zwischen den Standpunkten voraussetzen. Die Bedrohlichkeit dieses Widerspruchs für die Beziehung der Beteiligten lässt sich mit dem Konzept des *face-threating acts (FTA)* von Penelope Brown und Stephen C. Levinson erfassen. Brown und Levinson nehmen an, dass bestimmte kommunikative Akte aus sich selbst heraus das positive Bild oder den Status bedrohen, den man bei anderen haben möchte.

Argumentierende, die sich in der dritten Konstellation befinden, können den Widerspruch forcieren und die Beziehung zueinander dadurch sowie auch mit weiteren Mitteln bedrohen. Dazu gehören die Verschiebung des Standpunkts von der Sache zu Person, die direkte Anrede des Opponenten, negative lexikalische Bewertungen, die Pauschalisierung und Übertreibung von Aussagen und nichtsprachliche Aggression. Mit solchen Mitteln argumentiert man konfliktorientiert.

Argumentierende, die sich in der dritten Konstellation befinden, können den Widerspruch und dessen Bedrohlichkeit für die Beziehung zueinander aber auch abschwächen und die Beziehung zudem mit weiteren Mitteln pflegen. Hierzu zählen Sachlichkeit, das Absehen vom Opponenten, keine negativen, allenfalls positive lexikalische Bewertungen, indirekte Sprechakte und das *hedging* von Aussagen, nicht-sprachliche Zurückhaltung, das *flagging* der Argumentation, Nachfragen und Konzessionen. Mit solchen Mitteln argumentiert man konsensorientiert. Zwischen ausgeprägter Konflikt- und ausgeprägter Konsensorientierung gibt es allerdings viele Zwischenstufen.

Tabelle 5 (S. 88-89) bietet eine Übersicht über alle Schritte einer Argumentationsanalyse, die in dieser Einführung behandelt wurden und werden.

Grundbegriffe: Grundkonstellation, konfliktorientiert, Opponent, konsensorientiert.

Weiterführende Literatur: Linke/Schröter (2017) bieten eine komprimierte Einführung in die Zusammenhänge von Sprache und Beziehung. Über den aktuellen Forschungsstand zu verbaler Aggression und Höflichkeit geben Bonacchi (2018) und Ehrhardt (2018) einen Überblick. Auch unabhängig von der Analyse von Argumentationen ist Browns/Levinsons Höflichkeitstheorie (1978/1987) lesenswert, handelt es sich doch um die bekannteste der Linguistik.

6. Kontexte

Argumentationen finden nicht im luftleeren Raum statt. Sie sind stets umgeben von Kontexten, das heißt, sie stehen in kommunikativen Zusammenhängen, die ihre Produktion und Rezeption beeinflussen (vgl. exemplarisch Diewald 2014, theoretisch weiterführend Linell 1998: 127-158). Zum Kontext gehören zum Beispiel der Ort und die Zeit, an dem/zu der die Argumentation vorgebracht wird. Dazu können aber auch die nicht-sprachlichen Zeichen gehören, von denen die sprachliche Argumentation begleitet oder umgeben wird, die anderen Handlungen, mit denen sie eventuell verbunden ist, des Weiteren der Text und die Textsorte, in dem/der sie platziert ist, oder auch die größere gesellschaftliche Debatte, deren Teil sie ist. Bezieht man diese vier Kontextdimensionen in die Analyse von Argumentationen ein, interessiert man sich für multimodale Argumentationen, Argumentationen und andere Praktiken, Argumentationen in Textsorten sowie Argumentationen in Diskursen. Alle vier Kontextdimensionen lassen sich bei Interesse in einem eigenen Schritt analysieren. Die Untersuchung von multimodalen Argumentationen sowie von Argumentationen im Zusammenhang mit anderen Praktiken hat in der Argumentationsforschung bislang relativ wenig Aufmerksamkeit gefunden; dies ändert sich allerdings derzeit. Die Berücksichtigung von Argumentation in Studien zu Textsorten oder Diskursen ist demgegenüber zumindest innerhalb der germanistischen Linguistik durchaus üblich. Dennoch ist auch auf diesen Feldern noch vieles unerforscht.

6.1 Argumentationen multimodal

Sprachliche Argumentationen treten stets zusammen mit nichtsprachlichen Zeichen auf, Zeichen verschiedener Modalitäten kommen also gemeinsam vor. Eine **Modalität** ist ein Zeichensystem, das in einer bestimmten Weise materiell realisiert ist und folglich mit einem bestimmten Sinn wahrgenommen werden kann (vgl. etwa Stöckl 2016: 9). Modalitäten sind zum Beispiel die gesprochene Sprache, die geschriebene Sprache, aber auch Mimik, Gestik, Körperhaltung, Stimme, Bild oder Schrift. Unter **Multimodalität** versteht man das Zusammenspiel mehrerer solcher Modalitäten in der Kommunikation.

Bis auf sehr seltene Grenzfälle ist an Argumentationen stets entweder die gesprochene oder die geschriebene Sprache beteiligt. Die gesprochene Sprache ist immer an eine Stimme gebunden, die geschriebene Sprache wird immer mit einer Schrift realisiert. Stimme und Schrift vermitteln zusätzliche Bedeutungen. Oft spielen in Argumentationen aber auch noch andere Modalitäten wie Mimik, Gestik oder Bilder eine Rolle. Eine multimodale Analyse von Argumentationen berücksichtigt nicht nur die Sprache, sondern das Zusammenspiel aller beteiligten Modalitäten. Geht man in der Analyse davon aus, dass Argumentationen multimodal sind, und rückt man diesen Umstand ins Zentrum, sind die nicht-sprachlichen Modalitäten genau genommen kein Teil des Kontextes mehr. Sie gehören dann zum (multimodal gedachten) Text der Argumentation. Fokussiert man hingegen in der Analyse die Argumentation als sprachlichen Text, erscheinen die weiteren Modalitäten als Teil des Kontextes. Was zum Kontext zählt, hängt also immer auch von der Untersuchungsperspektive ab. Das gilt für alle hier vorgestellten Kontextdimensionen.

Nicht-sprachliche Modalitäten können grundsätzlich auf zwei verschiedene Arten an Argumentationen beteiligt sein: Sie können eine sprachliche Argumentation entweder

- ergänzen oder
- unterstützen.

Eine nicht-sprachliche Modalität ergänzt eine sprachliche Argumentation, wenn sie diese vervollständigt, ihr mithin etwas hinzufügt, das zu deren Verständnis zwingend notwendig ist. Ein Beispiel für diesen Fall bietet Abbildung 12.

Abb. 12: Ein Plakat für die Volksinitiative „Gegen den Bau von Minaretten" ([GOAL/Initiativ-Komitee 2009])

Die Abbildung zeigt ein Plakat, mit dem in der Schweiz für die Annahme einer Volksinitiative geworben wurde, die ein Verbot des Baus von Minaretten in der Verfassung vorsah (vgl. dazu Schröter/Thome 2020: 273-276). Das Plakat enthält einen argumentativen Schluss, der sich vorläufig so wiedergeben lässt: *Stopp von Minaretten und stark verschleierten Personen in der Schweiz. Deshalb Ja zum Minarettverbot.* Es handelt sich um ein pragmatisches Argument, wie es in Kapitel 4.3 eingeführt wurde. Es lässt sich folgendermaßen rekonstruieren:

(1) 1. Prämisse: Wenn etwas für die Folge gilt, gilt es auch für die Ursache.
2. Prämisse: Der Stopp von Minaretten und stark verschleierten Personen in der Schweiz ist die Folge, das Minarettverbot ist die Ursache.
3. Prämisse: Der Stopp von Minaretten und stark verschleierten Personen in der Schweiz ist zu befürworten.

Konklusion: Das Minarettverbot ist zu befürworten.

Um dieses Argument erkennen und verstehen zu können, benötigen die Betrachtenden des Plakats die Bilder: Erst die Bilder machen deutlich, dass es Minarette und stark verschleierte Personen in der Schweiz sind, die gestoppt werden sollen. Die Bilder vervollständigen somit die zweite Prämisse, auch wenn sie aus strategischen Gründen nicht deutlich machen, welche Personen genau gemeint sind. Die Bilder vermitteln zudem den Eindruck, dass Minarette und stark verschleierte Personen für die Schweiz negativ, ja geradezu bedrohlich seien – die Minarette sind wie Raketen dargestellt, sie besetzen die Schweizer Flagge fast vollständig, sie werfen lange Schatten, und sie und die verschleierte Person sind undurchdringlich schwarz. Die Bilder ergänzen so die dritte Prämisse. Natürlich kann man in diesem argumentativen Schluss die zweite und dritte Prämisse anfechten. Welche Möglichkeiten es gibt, Defizite von Argumentationen aufzudecken, wird in Kapitel 7.2 thematisiert. Bereits an dieser Stelle lässt sich aber festhalten, dass argumentative Schlüsse mit bildlichen Elementen oft weniger leicht anzufechten sind, weil man nicht so leicht erkennt, dass überhaupt ein argumentativer Schluss vorliegt.

Eine nicht-sprachliche Modalität unterstützt hingegen eine sprachliche Argumentation, wenn sie etwas wiederholt, das schon vorhanden ist, oder etwas hinzufügt, das zum Verständnis nicht zwingend notwendig ist. Ein Beispiel dafür liefert Abbildung 13.

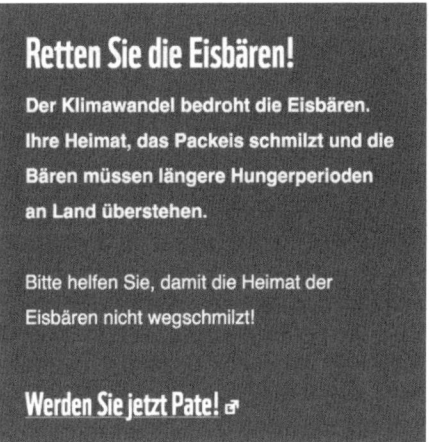

Abb. 13: Eine Online-Anzeige, die zu Spenden für Eisbären aufruft (WWF 2020)

Es handelt sich um eine Anzeige, die auf einer Website des WWF erschienen ist und zu Spenden für Eisbären aufruft. Wiederum wird der Standpunkt mit einem pragmatischen Argument gestützt. Es lässt sich so rekonstruieren:

(2) 1. Prämisse: Wenn etwas für die Folge gilt, gilt es auch für die Ursache.
2. Prämisse: Die Eisbären zu retten, ist die Folge, jetzt Pate zu werden, ist die Ursache.
3. Prämisse: Die Eisbären zu retten, ist zu befürworten.

Konklusion: Jetzt Pate zu werden, ist zu befürworten.

Die Betrachtenden der Online-Anzeige benötigen das Bild nicht, um das Argument verstehen zu können: Das Bild zeigt zum einen, dass es Eisbären sind, die gerettet werden sollen. Das Wort *Eisbären* kommt aber im sprachlichen Text bereits mehrfach vor. Das Bild unterstützt die zweite Prämisse also lediglich. Das Bild verdeutlicht zum anderen, dass es zu befürworten ist, Eisbären zu retten. Es vermittelt nämlich, dass Eisbären niedlich sind oder zumindest sein können. Dass es zu befürworten ist, etwas für die Eisbären zu tun, wird aber bereits mit dem Wort *retten* signalisiert, einem Wort mit klar positiver evaluativer und deontischer Bedeutung. Auch die dritte Prämisse wird also vom Bild lediglich unterstützt.

Die Entscheidung, ob eine nicht-sprachliche Modalität die sprachliche Argumentation ergänzt oder unterstützt, ist selbstverständlich nur ein kleiner Teil der Analyse von multimodalen Argumentationen. Im Anschluss daran sollte man sich fragen:

- Welche Bedeutung haben die Zeichen der nicht-sprachlichen Modalitäten?
- Welche Funktionen haben sie?
- Was leisten sie damit für die Argumentation?

Diese Fragen zu beantworten, ist nicht immer leicht, denn die Bedeutungen und Funktionen nicht-sprachlicher Zeichen sind oft weniger eindeutig bestimmbar als die Bedeutungen und Funktionen sprachlicher Zeichen. Zur Lösung dieses Problems empfiehlt es sich, spezialisierte Nachschlagewerke und passende Forschungsliteratur zu den nicht-sprachlichen Zeichen zu konsultieren. Zusätzlich ist es ratsam, die nicht-sprachlichen Zeichen in möglichst vielen weiteren Verwendungszusammenhängen zu suchen und daraus die Bedeutungen und Funktionen der Zeichen abzuleiten. Fragt man sich zum Beispiel, welche Bedeutungen und Funktionen die Farbe Rot hat, sollte man sich zunächst in kunstwissenschaftlichen Nachschlagewerken informieren. Zusätzlich hilft es, sich zu überlegen, wo, wie und wofür Rot verwendet wird – etwa als Zeichen für Liebe, für bestimmte Parteien oder für Warnungen und Verbote. So lässt sich ein Bedeutungs- und Funktionsspektrum ermitteln, aus dem im eigenen Untersuchungsmaterial vermutlich einzelne Aspekte aktiviert sind.

6.2 Argumentationen und andere Praktiken

Wie in Kapitel 1.1 erläutert, wird Argumentation in dieser Einführung als Praktik verstanden. Der Begriff der *Praktik* hat in den letzten ca. 20 Jahren viel theoretische und empirische Aufmerksamkeit erhalten, zunächst allerdings vor allem außerhalb der Linguistik. Innerhalb der Linguistik gibt es verschiedene Verständnisse von *Praktik*. Wie beschrieben, kann man eine Praktik als einen Handlungstyp mit einer oder mehreren kennzeichnenden Funktionen auffassen, der in seiner Form und in seinem Umfang nicht festgelegt ist. Viele Praktiken können mithin multimodal realisiert werden, und viele von ihnen können sowohl als einzelner Sprechakt als auch in Form einer längeren Äußerungssequenz oder eines ganzen Textes realisiert werden. Interessant für Argumentationsanalysen ist unter anderem, dass Praktiken gemäß diesem Verständnis miteinander verschränkt sein können. Sie können einander überlappen oder ineinander verschachtelt sein. Letzteres bedeutet, dass im Rahmen einer Praktik eine andere realisiert wird.

Tatsächlich lässt sich vielfach beobachten, dass Argumentationen andere Praktiken enthalten, zum Beispiel

- Erläuterungen oder Erklärungen,
- Erzählungen,
- Kritik,
- Prognosen oder
- Vergleiche.

Abbildung 14 gibt beispielsweise eine Argumentation wieder, die eine Erzählung enthält.

●●●○○
Es wäre ein wunderschönes Hotel...

"Wir verbrachten einige Tage und über Silvester in diesem Hotel. Alles begann toll. Wunderschönes Hotel, tolle Zimmer....

Wir buchten ein ziemlich teures Silvesteressen und wurden leider enttäuscht. Die Gänge kamen falsch, gebrauchte Gläser standen auf dem Tisch und vieles mehr.... Sehr enttäuschend!

Dann kam es noch zu einem unschönen Vorfall bei welchem das Hotelpersonal und die Security einfach nur versagten.

Wir kommen leider nie mehr!"
Weniger anzeigen ▲

Aufenthaltsdatum: Januar 2019
Reiseart: mit Freunden

Abb. 14: Eine Hotelbewertung auf einem Hotel- und Reise-Portal (JeNiJo 2019)

In dieser Bewertung eines Zürcher Hotels der Luxusklasse auf einem Hotel- und Reise-Portal wird der Standpunkt vertreten, dass das Hotel nur mäßig gut ist. Dieser Standpunkt wird mit einem Argument durch Induktion begründet, wobei in diesem Fall nur ein einziges Beispiel gegeben wird – ein eigener Hotelbesuch, von dem erzählt wird. Dass hier erzählt wird, erkennt man daran, dass ein Geschehen vermittelt und dabei kommunikativ interessant gemacht wird (vgl. exemplarisch Becker/Stude 2017: 5-16): Es werden mehrere zeitlich aufeinanderfolgende Zustände dargestellt – der *Beginn* des Aufenthalts, die *Buchung* des *Silvesteressens,* dessen Verlauf, der *Vorfall* danach –, und die Darstellung enthält einen Bruch mit den Erwartungen; zudem ist sie perspektivisch, denn sie enthält subjektive Bewertungen. Solche Erzählungen von individuellen Erlebnissen, die einem argumentativen Schluss mit evaluativer Konklusion dienen, finden sich nicht nur in Hotel- und Restaurantbewertungen, sondern auch in Leserbriefen, Reiseberichten, Produkttests, Buchrezensionen oder in Texten über besondere biographische Erfahrungen wie Geburt, Liebe oder Trennung.

Will man eine andere Praktik, etwa eine Erzählung, als Teil einer Argumentation analysieren, sollte man sich folgende Fragen stellen:

- Welche Besonderheiten weist die andere Praktik auf?
- Welche Funktionen haben die Besonderheiten?
- Was leistet die Praktik damit für die Argumentation?

Möchte man mehrere vergleichbare Argumentationen untersuchen, die dieselbe andere Praktik enthalten, sind folgende zusätzliche Fragen sinnvoll:

- Welche Regelmäßigkeiten/Muster lassen sich feststellen?
- Welche Deutungen/Interpretationen der Muster sind möglich?

Die zuletzt genannte Frage bedarf der Erläuterung. Angenommen man untersucht Erzählungen, die in Hotelbewertungen als Argument eingesetzt werden. Dann wird man beobachten, dass regelmäßig bestimmte Ereignisse erzählt, andere hingegen ausgelassen werden. Dies lässt sich so deuten, dass das Erzählte für die Bewertung als relevant erachtet wird, das Ausgelassene hingegen als irrelevant. Man kann aus dem Erzählten also die Merkmale von Hotels erschließen, die in einer bestimmten Gruppe von Menschen für die Bewertung von Hotels entscheidend sind. Bei Hotelbewertungen mag dies trivial erscheinen. Bei anderen Texten aber, die mithilfe von Erzählungen zum Beispiel über Liebesbeziehungen oder Trennungen urteilen, lassen sich auf diesem Weg zentrale kulturelle Wertesysteme erkennen, die sich von einer Sprachgemeinschaft oder historischen Phase zur anderen deutlich unterscheiden können. Allgemein gesprochen, versucht man also bei Deutungen, aus beobachteten Regelmäßigkeiten weitergehende Schlüsse zu ziehen.

Vielfach lässt sich darüber hinaus bemerken, dass Argumentationen Teil anderer Praktiken sind. Argumentationen können beispielsweise Teil sein von

- Bitten,
- Dank,
- Entschuldigungen,
- Erzählungen,
- Lob,
- Rat oder
- Rechtfertigungen.

Der folgende Textausschnitt zeigt exemplarisch, wie ein Dank eine Argumentation enthalten kann:

(3) An erster Stelle möchte ich meinen Doktoreltern Angelika Linke und Heiko Hausendorf danken. Sie haben mich mit manchem aufmunternden Wort zu dieser Arbeit motiviert, sie mit grosser Umsicht fachlich begleitet und sie mit ebenso grossem Engagement institutionell ermöglicht. Ihre Bereitschaft, sich für meine Anliegen immer die nötige Zeit zu nehmen, ging weit über das Selbstverständliche hinaus. (Ruoss 2019: VII)

In diesem Dankwort zu Beginn einer Dissertation wird mit mehreren Argumenten über ein Verhältnis von Eigenschaft/Handlung und Identität/Qualität/Einstellung begründet, dass die *Doktoreltern* hervorragende Betreuungspersonen für die Dissertation waren und Dank verdienen. Dass hier gedankt wird, ist an dem illokutiven Verb *danken* zu erkennen, das im Text mehrfach in Verbformen der ersten Person Singular Präsens Indikativ Aktiv verwendet wird.

Will man eine Argumentation als Teil einer anderen Praktik, etwa eines Dankes, analysieren, sollte man sich folgende Fragen stellen:

- Welche Besonderheiten weist die Argumentation auf?
- Welche Funktionen haben die Besonderheiten?
- Was leistet die Argumentation damit für die andere Praktik?

Möchte man mehrere vergleichbare Argumentationen untersuchen, die Teil derselben Praktik sind, sind folgende weitere Fragen empfehlenswert:

- Welche Regelmäßigkeiten/Muster lassen sich feststellen?
- Welche Deutungen/Interpretationen der Muster sind möglich?

6 — Weil man Zeit zum Bummeln hat

Durch die Strassen, das Quartier oder den Wald, Feldern entlang oder durch kleine Gässchen: Bummeln ist die «faule» Art von Spazieren. Es erlaubt das Trödeln, das Herumstehen und das Schwatzen mit anderen. Es lädt ein, in ein Strassencafé zu sitzen und den Passanten nachzuschauen, ein Buch auf einer Bank zu lesen oder in den Himmel zu gucken. Auch durch den Markt zu bummeln, ist eine entspannte Art dieser Kunst. Wer weiss, was man entdeckt. Vielleicht kommt man sogar mit einer kulinarischen Beute nach Hause und beginnt etwas Feines zu kochen oder zu backen. (Bild über: Sophie de nux on Instagram)

Abb. 15: Ein Ausschnitt aus einem Artikel eines Wohn- und Lifestyle-Blogs (Kohler 2020)

Aufgabe 18: Abbildung 15 zeigt einen Ausschnitt aus dem Artikel „10 gute Gründe zum Faulenzen", der in einem Wohn- und Lifestyle-Blog erschienen ist.
a) Ergänzt oder unterstützt das Bild die sprachliche Argumentation? Warum?
b) Enthält die sprachliche Argumentation eine weitere Praktik? Falls ja, welche und an welcher Stelle?

6.3 Argumentationen in Textsorten

Eine **Textsorte** ist eine Klasse von Texten, die Merkmale auf mehreren Ebenen gemeinsam haben (vgl. beispielsweise Heinemann 2000: 513, Markewitz 2018). Die gemeinsamen Merkmale der Texte,

die zur selben Textsorte gehören, können zum Beispiel auf folgenden Ebenen liegen:
- auf der Ebene der Kommunikationssituation,
- des Mediums,
- der nicht-sprachlichen Modalitäten,
- der Textbausteine (also der größeren Textelemente) und des Aufbaus,
- des Themas oder der Themen und der Themenentfaltung,
- der Lexik (das heißt der Wortwahl), der Phraseologie (also der festen Mehrworteinheiten) und der Syntax (das heißt des Satzbaus),
- der Sprechakte sowie
- der Funktionen.

Textsorten sind beispielsweise das Kochrezept, die Bedienungsanleitung, der Roman, die Reportage oder der Liebesbrief. Zwar ist ein prototypischer Text sprachlich, schriftlich und monologisch, doch auch dialogische, mündliche und multimodale Kommunikate können als *Texte* bezeichnet werden. In dieser Einführung wird grundsätzlich ein weiter Textbegriff verwendet, nach dem Texte auch dialogisch, mündlich und multimodal sein können.

Es gibt eine ganze Reihe von Textsorten, die Argumentation enthalten oder sogar stark von Argumentation bestimmt sind oder sein können. Dazu gehören

- die politische Diskussion,
- die Parlamentsrede,
- die Abstimmungserläuterung,
- der Kommentar,
- die Rezension,
- die Werbeanzeige,
- das Verkaufsgespräch,
- die Geschäftsverhandlung,
- das Feedbackgespräch,
- das Beratungsgespräch,
- das Plädoyer,
- das Gerichtsurteil,
- das wissenschaftliche Gutachten,
- die Dissertation,
- der wissenschaftliche Vortrag,
- die Vereinssitzung oder
- das Beziehungsgespräch.

Wie lässt sich die Verbindung von Argumentationen und Textsorten erforschen? Grundsätzlich gibt es zwei Möglichkeiten: Erstens kann man von einer Textsorte ausgehen, die Argumentation enthält. Dann analysiert man verschiedene Exemplare der Textsorte auf die enthaltenen Argumentationen hin. Dabei fragt man, welche Merkmale den Argumentationen gemeinsam sind. Auf diesem Weg ermittelt man, welche argumentativen Merkmale die Textsorte kennzeichnen.

Zweitens kann man die umgekehrte Perspektive einnehmen, also von einer argumentativen Kategorie oder einem argumentativen Phänomen ausgehen, die/das in verschiedenen Textsorten eine Rolle spielt. So könnte man zum Beispiel von einem Argumentationsschema oder einem Topos ausgehen. Die gewählte Kategorie oder das gewählte Phänomen untersucht man dann in Exemplaren unterschiedlicher Textsorten. Dabei interessiert man sich dafür, wie sie/es sich in den Textsorten ausprägt.

Die erste Perspektive soll im Folgenden an einem Beispiel demonstriert werden – einem Ausschnitt aus einem Exemplar der Textsorte *Autobiographie*. Es liegt nahe, die Textsorte der Autobiographie daraufhin zu untersuchen, wie darin erzählt wird. Weniger offensichtlich ist, was Autobiographien mit Argumentation zu tun haben. Tatsächlich finden sich jedoch in vielen Autobiographien argumentative Textabschnitte. Oft dienen Argumentationen in Autobiographien der/dem Schreibenden dazu, eine biographische Entscheidung zu begründen oder zu rechtfertigen. Dies lässt sich etwa in folgendem Ausschnitt aus der Autobiographie des früheren deutschen Bundespräsidenten Richard von Weizsäcker beobachten. Dessen Vater, Ernst von Weizsäcker, war im Dritten Reich als Staatssekretär des Auswärtigen Amts tätig gewesen. Nach Ende des zweiten Weltkriegs wurde der Vater in den Nürnberger Prozessen zu sieben Jahren Haft verurteilt, allerdings 1950 entlassen. Richard von Weizsäcker half im Prozess bei der Verteidigung seines Vaters mit. Er schreibt darüber:

(4) Dieser Prozeß [des Vaters, J.S.] fand damals in Deutschland wie auch international große Aufmerksamkeit. Ich unterbrach mein Studium und zog nach Nürnberg. Obwohl ich erst Jurastudent im fünften Semester war, wurde ich von der amerikanischen Justiz formell als Assistent der Verteidigung zugelassen, in der ich nun eineinhalb Jahre mitarbeitete. Mein Vater war darüber zunächst sehr beunruhigt; denn er wollte ganz und gar nicht, daß ich ihm meine Zeit opferte und um seines Verfahrens willen meinen Weg ins Berufsleben verzögerte. Für mich aber war es wahrlich alles andere als ein Opfer. Es brachte ein unersetzliches, zentrales Kapitel meines Lebens mit sich. So schwer die Zeit, so menschlich erfüllend war sie. Im intensiven, oft täglichen Zusammensein mit dem eigenen Vater

wuchs eine tiefe innere Bindung. Im übrigen erhielt ich einen zeitgeschichtlichen Unterricht von einer prägenden Eindrücklichkeit, wie sie kein abstraktes Studium je hätte bieten können. (Weizsäcker 1997: 114-115)

Weizsäcker vertritt hier die These *Es war richtig, dass ich bei der Verteidigung meines Vaters mitgeholfen habe*. Er liefert ein pragmatisches Argument für die These, indem er schreibt, dass ihm die Verteidigung ein *unersetzliches, zentrales Kapitel* des *Lebens gebracht* habe. Die behauptete Folge wird wiederum mit zwei Argumenten begründet – dem Hinweis auf die entstandene *tiefe innere Bindung* zum *Vater* und auf den *erhaltenen zeitgeschichtlichen Unterricht*. Beide Argumente lassen sich als Argumente über ein Verhältnis von Ganzem und Teil auffassen. Es fällt auf, dass Weizsäcker auch ein Argument gegen seine Entscheidung nennt, nämlich dass sich sein *Weg ins Berufsleben verzögerte*. Man kann darin ein Manöver der Ablenkung von einem anderen Einwand sehen, der sehr viel näher läge – vom Einwand nämlich, dass die Verteidigung ethisch problematisch war, weil der Vater im Dritten Reich eine hohe Position eingenommen hatte. Verstärkt wird das argumentative Ablenkungsmanöver dadurch, dass ausgerechnet der Vater als Urheber des genannten Einwands dargestellt wird.

Im Rahmen einer textlinguistischen Untersuchung wäre nun zu prüfen, inwieweit auch in anderen Autobiographien Argumentationen fragwürdige Entscheidungen legitimieren und ob dies auf eine vergleichbare Weise geschieht. Es könnte sein, dass es sich bei der argumentativen Rechtfertigung von Entscheidungen um ein Merkmal der Textsorte handelt.

6.4 Argumentationen in Diskursen

In der Linguistik und in anderen Fächern wie der Literaturwissenschaft oder Soziologie, die sich ebenfalls mit Diskursen beschäftigen, existieren zahlreiche Diskursverständnisse. Innerhalb der Linguistik wird unter **Diskurs** häufig eine Menge von Äußerungen oder Texten verstanden, die ein gemeinsames Thema und intertextuelle Beziehungen aufweisen und die gesellschaftliches Wissen zu diesem Thema repräsentieren, aber auch konstruieren (vgl. etwa Gardt 2007: 30). Vertritt man dieses Verständnis, kann man zum Beispiel vom Migrationsdiskurs, Klimawandeldiskurs, Europadiskurs, Leistungsdiskurs oder Elterndiskurs sprechen. Da Argumentationen sehr häufig sind, wie in Kapitel 1.1 beschrieben, und da Diskurse eine sehr große Menge von Texten und Äußerungen umfassen, ist kaum ein Diskurs denkbar, in dem nicht argumentiert würde. Dementsprechend untersuchen viele diskurslinguistische Studien neben Ebenen wie der Lexik und der Metaphorik auch Argumentationen. Besonders oft werden inhaltliche Muster beziehungsweise argumentative Topoi analysiert, wie sie in Kapitel 4.2 erläutert wurden. Aus den inhaltlichen Mustern versucht man, auf verbreitete Annahmen und gesellschaftliches Wissen zu schließen.

Will man die Verbindung von Argumentationen und Diskursen untersuchen, gibt es wiederum prinzipiell zwei Möglichkeiten: Zum einen kann man von einem Diskurs oder Diskursausschnitt ausgehen. Man analysiert dann diverse Texte und Äußerungen dieses Diskurses oder Diskursausschnitts auf die enthaltenen Argumentationen hin. Dabei fragt man, welche Muster oder Regelmäßigkeiten sich in den Argumentationen zeigen. Es kann sich um inhaltliche Muster handeln, doch auch etwa um die Präferenz für bestimmte Argumentationsschemata, bestimmte Makrostrukturen oder bestimmte Formulierungen. So ermittelt man, welche argumentativen Muster den Diskurs(ausschnitt) kennzeichnen.

Zum anderen kann man die entgegengesetzte Blickrichtung wählen, das heißt, man kann von einer argumentativen Kategorie oder einem argumentativen Phänomen ausgehen, die/das in verschiedenen Diskursen oder Diskursausschnitten eine Rolle spielt. Die gewählte Kategorie oder das gewählte Phänomen verfolgt man dann in unterschiedlichen Diskursen oder Diskursausschnitten. Dabei geht man der Frage nach, wie sie/es sich in den Diskursen oder Diskursausschnitten ausprägt.

Die erste Perspektive soll mit dem Beginn eines Lexikoneintrags zum Stichwort „Mutter" illustriert werden, der 1836 in einem „Damen Conversations Lexikon" publiziert wurde:

(5) Mutter. Die junge Gattin ist Mutter geworden, sie hat ein Anrecht auf die künftige Generation erlangt, sie hat sich durch ein mächtiges Band an sie gekettet. Ein neues Dasein öffnet sich ihr mit neuen Pflichten, neuen Freuden, Schmerzen und Entbehrungen. Aber das gerechte Schicksal flicht in die Leiden der liebenden Mutter duftige Blüthen der Mutterfreude, die schlaflosen Nächte belohnen sich durch ein einziges Lächeln des Säuglings; in jeder Aufopferung liegt ein Lohn, in jeder Entbehrung eine Seligkeit. Sie gibt der Welt einen Bürger, ein Glied der großen moralischen Kette, die ohne Unterbrechung Welt und Zeit vom Schöpfungstage bis zum Weltuntergange, mit Bestrebungen, Thaten, Hoffnungen, Träumen, Wonne und Schmerzen ausfüllt. Eine neue Welt geht auch ihr auf, andere

Gefühle leuchten aus der Brust empor, wo sie bisher nur halbgeahnt dämmerten. Sie hat mit einem Male ihren Beruf erfüllt, den Gipfel ihrer erhabenen Bestimmung erreicht. (B. 1836: 330)

Anders, als wir es heute von Lexikoneinträgen erwarten, ist der hier zitierte Eintrag unterschwellig von Argumentation geprägt. Der implizite Standpunkt ließe sich mit den Worten *Mutter zu sein, ist erstrebenswert* wiedergeben. Für diesen Standpunkt werden zahlreiche pragmatische Argumente genannt, indem positive Folgen der Mutterschaft hervorgehoben werden. Auffälligerweise handelt es sich teilweise um positive Umdeutungen eigentlich negativer Folgen der Mutterschaft: *die schlaflosen Nächte belohnen sich durch ein einziges Lächeln des Säuglings; in jeder Aufopferung liegt ein Lohn, in jeder Entbehrung eine Seligkeit.* Die verschiedenen Argumente sind zudem mit vielen Metaphern, Emotionsausdrücken und mit Wörtern aus dem religiösen Kontext formuliert. Damit wird der Zustand der Mutterschaft noch zusätzlich überhöht. Im Rahmen eines Arguments durch Definition wird Mutterschaft schließlich sogar zum *Beruf* und zum *Gipfel* der *Bestimmung* der *jungen Gattin* erklärt.

Im Rahmen einer diskurslinguistischen Studie würde man zahlreiche weitere Texte zu Müttern und Mutterschaft aus derselben Zeit daraufhin analysieren, inwieweit sie ebenfalls mit Argumenten versuchen, Mütter und Mutterschaft zu idealisieren, und ob dies auf ähnliche Weise geschieht. Die gefundenen argumentativen Muster würde man anschließend als Ausdruck von und Faktor für gesellschaftlich verbreitete Vorstellungen von Mutterschaft in der damaligen Zeit deuten. Dabei würde man auch danach fragen, inwieweit die Vorstellungen von Mutterschaft und Weiblichkeit aneinander gekoppelt sind.

6.5 Zusammenfassung

Je nach Untersuchungsinteresse kann man verschiedene Dimensionen des Kontextes von Argumentationen in deren Analyse einbeziehen.

So kann man Argumentationen zum Beispiel multimodal untersuchen. Eine Modalität ist ein Zeichensystem, das in einer bestimmten Weise materiell realisiert ist und folglich mit einem bestimmten Sinn wahrgenommen werden kann. Modalitäten sind etwa die gesprochene Sprache, die geschriebene Sprache, Mimik, Gestik, Stimme, Bild oder Schrift. Sprachliche Argumentationen treten stets zusammen mit Zeichen anderer Modalitäten auf.

Es ist auch möglich, nach dem Zusammenhang von Argumentationen und Praktiken zu fragen. Eine Praktik lässt sich als ein Handlungstyp mit einer oder mehreren kennzeichnenden Funktionen auffassen, der in seiner Form sowie in seinem Umfang nicht festgelegt ist. Argumentationen können andere Praktiken enthalten, und andere Praktiken können Argumentationen enthalten.

Darüber hinaus ist es denkbar, Argumentationen in Textsorten zu analysieren. Eine Textsorte ist eine Klasse von Texten, die Merkmale auf mehreren Ebenen gemeinsam haben. Die gemeinsamen Merkmale der Texte, die zur selben Textsorte gehören, können zum Beispiel das Medium, die Textbausteine und den Aufbau, das Thema, die Lexik, die Syntax oder die Funktionen betreffen. Viele Textsorten enthalten Argumentation.

Schließlich kann man Argumentationen auch in Diskursen erforschen. Als Diskurs gilt hier eine Menge von Äußerungen oder Texten, die ein gemeinsames Thema und intertextuelle Beziehungen aufweisen und die gesellschaftliches Wissen zu diesem Thema repräsentieren, aber auch konstruieren. Es ist kaum ein Diskurs ohne Argumentation denkbar.

Tabelle 5 (S. 88-89) bietet eine Übersicht über alle Schritte einer Argumentationsanalyse, die in dieser Einführung behandelt wurden und werden.

Grundbegriffe: Modalität, Multimodalität, Textsorte, Diskurs.

Weiterführende Literatur: Mit den von Jewitt (2009/2014) und Klug/Stöckl (2016) herausgegebenen Handbüchern kann man sich gut in der Multimodalitätsforschung orientieren. Der von Deppermann/Feilke/Linke herausgegebene Band (2016) eignet sich dazu, die linguistischen Diskussionen um den Praktikenbegriff nachzuvollziehen. Zur Einarbeitung in die Textlinguistik sind Einführungen wie die von Hausendorf/Kesselheim (2008) sowie von Brinker/Cölfen/Pappert (1985/2014) nützlich. Für die linguistische Diskursanalyse seien neben dem von Warnke herausgegebenen Handbuch (2018) die Einführungen von Spitzmüller/Warnke (2011) und Niehr (2014) empfohlen.

7. Bewertungen

In der Linguistik werden insgesamt deskriptive Herangehensweisen an die Untersuchungsgegenstände bevorzugt. Geht man **deskriptiv** an den Untersuchungsgegenstand heran, versucht man, ihn zu beschreiben, allenfalls auch zu erklären und zu deuten. Evaluative, präskriptive beziehungsweise **normative** Zugänge sind demgegenüber in der Linguistik seltener. Es handelt sich dabei um Zugänge, die darauf abzielen, den Gegenstand zu bewerten oder anzugeben, wie er sein sollte. Eine deskriptive linguistische Analyse von Argumentationen ist dementsprechend der Standardfall. Die bisher geschilderten obligatorischen oder optionalen Schritte einer Argumentationsanalyse sind alle deskriptiv. Außerhalb der Linguistik, zum Beispiel im Rahmen der Logik, hat die kritische, wertende Beurteilung von argumentativen Schlüssen und Argumentationen jedoch eine lange Tradition. Zudem treffen wir im Alltag häufig auf die Frage, wie eine Argumentation zu bewerten ist. Forschende der Linguistik sollten deshalb auch eine Antwort auf diese Frage bieten können. Eine deskriptive Analyse der betreffenden Argumentation ist aber in jedem Fall eine Voraussetzung dafür.

7.1 Bewertungsmaßstäbe für Argumentationen

Will man Argumentationen bewerten, muss man sich zunächst klar machen, dass die Bewertung vom Bewertungsmaßstab abhängt und dass es viele Bewertungsmaßstäbe gibt.

Dies sei an einer Rede veranschaulicht, die Roger Köppel, ein umstrittener Politiker der rechtskonservativen Schweizer Partei SVP, am 26. April 2016 im Schweizer Nationalrat hielt, der ersten Kammer des Schweizer Parlaments. Es ging in der Debatte um die Frage, ob die Schweiz die Personenfreizügigkeit, die für andere EU-Länder bereits galt, auf Kroatien ausdehnen sollte. Der Bundesrat, die Schweizer Regierung, hatte das entsprechende Protokoll als Kollegium unterzeichnet und dem Parlament zur Genehmigung vorgelegt. Er hatte jedoch zugleich angekündigt, das Protokoll erst in Kraft zu setzen, wenn ein bestehender Konflikt zwischen der Schweizer Bundesverfassung und dem Freizügigkeitsabkommen mit der EU gelöst worden sei. Die Rede Roger Köppels lautet gekürzt:

(1) Ich staune, ja, ich finde es fast schon wieder bewunderswert, mit was für einer frivolen Leichtfertigkeit Sie sich, Frau Bundesrätin, über Verfassungsbestimmungen hinwegsetzen, die Sie selber bis vor Kurzem noch mit Vehemenz hochgehalten haben. [...] Sie wissen es alle ganz genau, die Ausdehnung der Personenfreizügigkeit auf Kroatien war ein Verfassungsbruch. Sie ist ein Verfassungsbruch, und diesen Verfassungsbruch machen wir von der SVP nicht mit. Die SVP lässt sich nicht von der EU erpressen, nur weil ein paar Brüsseler Funktionäre der Schweiz mit einem Rauswurf aus ihren ohnehin überschätzten Subventionsprogrammen drohen. Ich weiss, Frau Bundesrätin, Sie haben es nicht so gern, wenn man die Dinge beim Namen nennt, wenn man sagt, wie es wirklich ist. [...] Sie sprechen

75

lieber von Verhandlungen oder von Ausgleichsmassnahmen statt von Erpressung, wenn Sie die offenkundige Tatsache bemänteln wollen, dass Sie und Ihre Kollegen sich bei der Ausdehnung der Personenfreizügigkeit auf Kroatien von der EU haben erpressen lassen. [...] Wer sich einmal erpressen lässt, ist immer erpressbar. Die SVP lässt sich nicht erpressen, sie lehnt die Ausdehnung des Personenfreizügigkeitsabkommens auf Kroatien ab. Ich bitte Sie, diesem Verfassungsbruch Ihren Segen nicht zu geben, den Volkswillen ernst zu nehmen, die Verfassung ernst zu nehmen und auf diese Vorlage nicht einzutreten. (Köppel 2016)

Die Rede ist offensichtlich überaus konfliktorientiert. Sämtliche Mittel der Konfliktorientierung aus Kapitel 5.2 sind hier wiederzufinden: die Verschiebung des Standpunkts von der Sache zu Person, die direkte Anrede des Opponenten, negative lexikalische Bewertungen, die Pauschalisierung und Übertreibung von Aussagen, und in der Videoaufzeichnung schließlich wird auch nicht-sprachliche Aggression erkennbar.

Die Rede führte dazu, dass das attackierte Bundesratsmitglied Simonetta Sommaruga den Saal verließ. Ihr folgten zahlreiche weitere Parlamentarier. Der Nationalrat genehmigte das umstrittene Protokoll, und die Medien berichteten vielfach über die Rede und die Reaktion Sommarugas. Die Leserbriefe und Online-Kommentare aus der Bevölkerung waren im Urteil gespalten: den einen galt Köppel als unverschämt, den anderen Sommaruga als zu empfindlich.

Wie ist die Rede nun also zu bewerten? Man sieht sofort, dass aus verschiedenen Bewertungsmaßstäben ganz unterschiedliche Bewertungen folgen:

- Maßstab 1 – die Überzeugung des Opponenten vom Standpunkt der/des Argumentierenden: Nach diesem Maßstab ist die Rede nicht gelungen, denn weder Sommaruga noch der Nationalrat übernahm Köppels Standpunkt.
- Maßstab 2 – die Provokation des Opponenten und die Erzeugung medialer Aufmerksamkeit: Nach diesem Maßstab ist die Rede sehr gelungen, da die Verärgerung Sommarugas nicht verborgen blieb und das mediale Echo groß war.
- Maßstab 3 – die Normen des Publikums: Um die Einschätzung der Rede durch das Publikum zu ermitteln, könnte man die Leserbriefe und Online-Kommentare auswerten. Allerdings sind diese vermutlich nicht repräsentativ für die Einschätzung der Schweizer Bevölkerung insgesamt. Generell ist bisher relativ wenig darüber bekannt, welche sprachlichen Merkmale politische oder andere Argumentationen für bestimmte soziale Gruppen akzeptabel, gut,

gar brillant oder aber inakzeptabel, schlecht, gar empörend machen. Mit Fragebögen, Fokus-Gruppen, Interviews und anderen Methoden ließen sich solche Normen jedoch feststellen, so auch für die Schweizer Bevölkerung oder verschiedene Teilgruppen davon. Anschließend könnte die vorgestellte Rede daran gemessen werden.

- weitere, wissenschaftliche Maßstäbe: Von wissenschaftlicher Seite sind verschiedene Bewertungskriterien und -modelle für Argumentationen entwickelt worden. Hierzu zählen natürlich logische Kriterien, aber auch Kriterien und Modelle, welche aus Theorien der deliberativen Demokratie hervorgegangen sind, die öffentliche, partizipative Beratungen als wesentlich für demokratische Entscheidungen ansehen (vgl. exemplarisch Cohen 1989/2006 oder, mit dem Ziel der quantitativen Messung der Qualität von Deliberation, Steenbergen/Bächtiger/Spörndli u. a. 2003). Ein interessantes Modell stellt darüber hinaus die bereits erwähnte *pragma-dialectical argumentation theory* von Frans van Eemeren und Rob Grootendorst bereit (vgl. vor allem Eemeren/Grootendorst 1992, 2004). Darin werden Argumentationen danach beurteilt, inwieweit sie dem Modell einer kritischen Diskussion zur Auflösung einer Meinungsverschiedenheit entsprechen.

Im Folgenden soll ein linguistisches Bewertungsmodell vorgeschlagen werden, das sich zur ganzheitlichen Beurteilung von Argumentationen aus zahlreichen Lebensbereichen eignet. Es kombiniert sachliche, logische, ausdrucksbezogene, informationsstrukturelle, situative und ethische Kriterien. Linguistisch ist es insofern, als die Suche nach Defiziten hinsichtlich all dieser Kriterien stets an die Analyse der Argumentation in ihrer sprachlichen, eventuell auch multimodalen Gestalt gebunden ist. Das Modell sieht vor, sich bei der Suche nach Defiziten von Argumentationen gezielt Fragen zu stellen. Damit greift es die Idee der *critical questions* auf, die sich in der Forschungsliteratur bisher vor allem auf Argumentationsschemata richten (vgl. zum Beispiel Walton/Reed/Macagno 2008: 15-17, 308-346).

7.2 Mögliche Defizite von Argumentationen

Das Modell, das hier vorgeschlagen wird, geht davon aus, dass Argumentationen aus mehreren Gründen defizitär sein können, und zwar hauptsächlich aus folgenden:

- Die Prämissen der Argumente können unpassend, falsch, fragwürdig oder einseitig gewählt sein.
- Die argumentativen Schlüsse können ungültig sein.
- Die Formulierungen können unverständlich, ungenau oder unsachlich sein.
- Die Gliederung kann unstrukturiert sein.
- Der Einsatz der Argumentation kann situativ unangemessen sein.
- Der Umgang mit dem Opponenten kann unfair sein.

All diese möglichen Defizite werden in den folgenden Abschnitten genauer erläutert.

(i) Unpassende, falsche, fragwürdige oder einseitig gewählte Prämissen

Argumentationen können defizitär sein, weil eine oder mehrere Prämissen der enthaltenen Argumente defizitär sind. Mögliche Defizite der Prämissen lassen sich finden, indem man sich folgende sachbezogene Fragen stellt:

- Passen die Wenn-dann-Prämissen jeweils auf den konkreten Fall?
- Stimmen die zweiten Prämissen?
- Stimmen die dritten Prämissen?
- Sind alle naheliegenden Argumente und Prämissen vorhanden?

In Argumentationen aus dem wirklichen Leben kann man relativ oft argumentative Schlüsse beobachten, die ein Argumentationsschema anwenden, das zwar an sich einwandfrei ist, dessen Wenn-dann-Prämisse aber nicht auf den konkreten empirischen Fall passt. Dies gilt zum Beispiel für den folgenden Schluss, der mitsamt seiner Rekonstruktion angegeben wird:

(2) Sei mal nicht so selbstkritisch: Die Tagung war ja offenbar exzellent. Also muss auch dein Vortrag exzellent gewesen sein.

1. Prämisse: Wenn etwas für das Ganze gilt, gilt es auch für den Teil.
2. Prämisse: Die Tagung ist das Ganze, dein Vortrag ist der Teil.
3. Prämisse: Die Tagung war exzellent.

Konklusion: Dein Vortrag war exzellent.

Das Schema des Arguments über ein Verhältnis von Ganzem und Teil, das hier angewandt wird, ist logisch in Ordnung, und auch die zweite genannte Prämisse ist einwandfrei. Doch selbst wenn man davon ausgeht, dass das auch auf die dritte Prämisse zutrifft, ist die Konklusion offenkundig problematisch. Das liegt daran, dass die Wenn-dann-Prämisse nicht richtig auf den vorliegenden Fall passt. Auch bei einer Konferenz mit insgesamt sehr positivem Echo können einzelne Beiträge schlecht gewesen sein. Zwar gibt es viele Fälle, in denen Eigenschaften des Ganzen auch für alle Teile gelten, aber es gibt durchaus Ausnahmen.

Noch öfter kann man in argumentativen Schlüssen falsche oder zumindest fragwürdige zweite und dritte Prämissen ausmachen. Dies ist beispielsweise in folgenden Argumenten der Fall, die wiederum auch in ihrer rekonstruierten Form notiert werden:

(3) Unser Kaffee ist besonders gut. Auch George Clooney sagt übrigens, dass der Kaffee unseres Unternehmens besonders gut ist.

1. Prämisse: Wenn eine Autorität der Ansicht ist, dass etwas für einen Gegenstand ihres Kompetenzbereichs gilt, gilt es auch für den Gegenstand ihres Kompetenzbereichs.
2. Prämisse: George Clooney ist die Autorität, Kaffee ist der Gegenstand ihres Kompetenzbereichs.
3. Prämisse: George Clooney ist der Ansicht, dass der Kaffee unseres Unternehmens besonders gut ist.

Konklusion: Der Kaffee unseres Unternehmens ist besonders gut.

(4) Wirtschaftswachstum ist notwendig. Wir brauchen also Steuersenkungen.

1. Prämisse: Wenn etwas für die Folge gilt, gilt es auch für die Ursache.
2. Prämisse: Wirtschaftswachstum ist die Folge, Steuersenkungen sind die Ursache.
3. Prämisse: Wirtschaftswachstum ist notwendig.

Konklusion: Steuersenkungen sind notwendig.

In Beispiel 3 ist die zweite Prämisse fragwürdig: George Clooney ist fraglos ein erfolgreicher Schauspieler, daraus ergibt sich aber nicht automatisch eine besondere Expertise in Sachen Kaffee. Vergleichbare Einwände sind bei vielen anderen Werbekampagnen möglich, in denen Stars für Produkte werben. In Beispiel 4 lassen sich sowohl die zweite als auch die dritte Prämisse infrage stellen: Es ist keineswegs gewiss, dass Steuersenkungen zu Wirtschaftswachstum führen, da sich zahlreiche andere Faktoren ebenfalls auf das Wirtschaftswachstum auswirken können. Zudem kann man hinterfragen, ob Wirtschaftswachstum notwendig ist. Möglicherweise ist eine Wirtschaftsordnung, die nicht mehr wachstumsorientiert ist, aus ökologischen und anderen Gründen an der Zeit. Die Beantwortung der Frage, ob die zweite und die dritte Prämisse jeweils stimmen, setzt stets ein gewisses Maß an Sachwissen voraus. Unabhängig vom jeweiligen Sachgebiet kann es nützlich sein, sich zu fragen, ob in den Prämissen nicht möglicherweise Meinungen oder Vermutungen als Fakten ausgegeben werden. Auch kann die Methodik, mit der die vermeintlichen Fakten gewonnen wurden, zweifelhaft sein (wenn sie zum Beispiel auf einer Umfrage beruhen, bei der die befragten Personen nicht repräsentativ oder die Fragen suggestiv formuliert waren).

Noch ein weiterer Fall, in dem die Prämissen einer Argumentation defizitär sind, ist anzusprechen: Manchmal sind die Prämissen in ihrer Gesamtheit, also über verschiedene Argumente hinweg, einseitig gewählt. Das wäre etwa der Fall, wenn in einer argumentativen Auseinandersetzung mit dem Bau einer neuen Autobahn kein einziges Argument gegen den Bau angesprochen würde. Bei Bauprojekten dieser Größenordnung gibt es stets auch Gegenargumente. Diese sollten allen Entscheidungstragenden vor der Entscheidung bekannt sein und folglich in der Auseinandersetzung zur Sprache kommen.

Aufgabe 19: Rekonstruieren Sie die Mikrostruktur der folgenden Argumente. Urteilen Sie dann: Welche Prämissen sind defizitär und warum?

(1) „Ein Staatshaushalt funktioniert wie ein Privathaushalt. In einem Privathaushalt kann man mittelfristig auch nur so viel ausgeben, wie man einnimmt."

(2) „Wir müssen uns entscheiden: Entweder wir setzen uns in diesem Land für Sicherheit ein oder für Freiheit. Nach den erneuten Terroranschlägen müssen wir auf Sicherheit achten."

(3) „Unsere Partei war in den letzten vier Jahren in der Regierung, und in dieser Zeit sind die Arbeitslosenzahlen merklich gesunken. Unser Regierungserfolg ist offensichtlich."

(4) „Ihr Team macht schlechte Arbeit. Das heißt, Sie machen schlechte Arbeit."

(5) „Ich habe gearbeitet, seit ich 25 Jahre alt bin, und trotzdem reicht meine Rente nicht zum Leben. Das zeigt doch, dass unser Rentensystem ungerecht ist."

(ii) Ungültige Schlüsse

Argumentationen können auch defizitär sein, weil ein oder mehrere argumentative Schlüsse darin defizitär sind. Mögliche Defizite der Schlüsse lassen sich aufdecken, indem man sich folgende logische Frage stellt: Folgen die Konklusionen aus den Prämissen?

Trotz Abweichungen werden in der Forschungsliteratur Argumente, deren Konklusion zwingend aus den Prämissen folgt, normalerweise als **gültige** oder *schlüssige Argumente* bezeichnet. Ein Argument kann auch dann gültig sein, wenn die Prämissen falsch sind. Argumente, die gültig sind *und* deren Prämissen stimmen, haben eine eigene Bezeichnung: Sie werden *richtige* oder *korrekte Argumente* genannt.

Als **Fehlschlüsse** oder *Trugschlüsse* (engl. *fallacies*) oder auch als *ungültige Schlüsse* werden hier demgegenüber Argumente bezeichnet, die gültig zu sein scheinen, es aber nicht sind. Dieses Verständnis von *Fehl-* oder *Trugschluss* lehnt sich an dasjenige an, das Charles Hamblin als Standardverständnis von *fallacy* beschrieben hat: „A fallacious argument, as almost every account from Aristotle onwards tells you, is one that *seems to be valid* but *is not* so." (Hamblin 1970: 12, Hervorheb. i. O.) Hamblin kritisiert, wie Logik-Lehrbücher mit *fallacies* umgehen. Seine Kritik bezieht sich allerdings weniger auf das grundsätzliche Verständnis von *fallacy* als auf die starke Orientierung an der vorausgehenden Literatur und auf die fehlende Stringenz der Typen, Beispiele und Erläuterungen in den Lehrbüchern. Hamblins Kritik wurde stark rezipiert und hat zu verschiedenen Neuansätzen im Nachdenken über *fallacies* geführt. In der *pragma-dialectical argumentation theory* etwa gilt jede Verletzung einer der aufgestellten Regeln für eine kritische Diskussion zur Auflösung einer Meinungsverschiedenheit als *fallacy* (vgl. Eemeren/Grootendorst 1992: 208-217). Von einem solch erweiterten Verständnis wird hier abgesehen, weil die üblichen deutschen Bezeichnungen *Fehl-* oder *Trugschluss* im Gegensatz zu englisch *fallacy* klar signalisieren, dass ein Problem mit einem argumentativen Schluss besteht. Als Oberbegriff für alle möglichen Arten von Problemen, die Argumentationen aufweisen können, wird in diesem Buch deshalb der Ausdruck **Defizit** verwendet.

Trotz der Aufmerksamkeit, die Fehl- oder Trugschlüsse in der Argumentationsforschung gefunden haben, sind ungültige Schlüsse in alltäglichen Argumentationen nicht so häufig zu finden. Häufiger als die Schlüsse sind die ersten, zweiten oder dritten Prämissen defizitär, wie es im vorigen Abschnitt beschrieben wurde. Bei den Fehlschlüssen, die man in alltäglichen Argumentationen findet, handelt es sich zum Beispiel um solche, die man traditionell *Bejahung des Konsequens* und *Verneinung des Antecedens* nennt (vgl. exemplarisch Bayer 1999/2007: 105-108). Mit *Antecedens* (Vorausgehendes) ist der erste Teil einer Wenn-dann-Prämisse gemeint, der mit *wenn* beginnt. Als *Konsequens* (Folgendes) wird hingegen der zweite Teil bezeichnet, der mit *dann* beginnt. Die Gegenstücke zur Bejahung des Konsequens und Verneinung des Antecedens, die sogenannte *Bejahung des Antecedens* und die *Verneinung des Konsequens,* sind logisch einwandfreie Schlusstypen. Tabelle 4 gibt einen Überblick über alle vier Schlusstypen. Das Antecedens wird mit p und das Konsequens mit q abgekürzt.

Gültige Schlüsse	Bejahung des Antecedens	Verneinung des Konsequens
	wenn p, dann q p ----------- q	wenn p, dann q nicht q ----------- nicht p
Ungültige Schlüsse	Bejahung des Konsequens	Verneinung des Antecedens
	wenn p, dann q q ----------- p	wenn p, dann q nicht p ----------- nicht q

Tab. 4: Die Bejahung und Verneinung des Antecedens und Konsequens

Ein Beispiel für eine Bejahung des Konsequens ist:

(5) „Wenn man Masern hat, hat man rote Punkte. Du hast überall rote Punkte. Also hast du Masern."

Hier liegt offensichtlich ein Fehlschluss vor. Der Hautausschlag, den die angesprochene Person hat, kann ebenso gut durch Windpocken, Röteln oder etwa eine Allergie verursacht sein. Gemäß der Schreibung in Tabelle 4 lautet der Schluss:

(6) Wenn man Masern hat, hat man rote Punkte.
Du hast rote Punkte.

Du hast Masern.

Ebenso problematisch wäre die Verneinung des Antecedens, die in diesem Fall lauten würde:

(7) Wenn man Masern hat, hat man rote Punkte.
Du hast keine Masern.

Du hast keine roten Punkte.

Unproblematisch wären hingegen die Bejahung des Antecedens und Verneinung des Konsequens. Sie würden hier lauten:

(8) Wenn man Masern hat, hat man rote Punkte.
Du hast Masern.

Du hast rote Punkte.

(9) Wenn man Masern hat, hat man rote Punkte.
    Du hast keine roten Punkte.

    Du hast keine Masern.

Den Fehlschluss, der in Beispiel 5 genannt wurde, kann man selbstverständlich auch so rekonstruieren, wie es in Kapitel 2.2 und 3.1 erläutert wurde. Dann lautet der Schluss:

(10) 1. Prämisse: Wenn etwas für die Ursache gilt, gilt es auch für die Folge.
     2. Prämisse: Masern sind die Ursache, rote Punkte sind die Folge.
     3. Prämisse: Du hast rote Punkte.

     Konklusion: Du hast Masern.

Hier wird deutlich, dass man theoretisch alle Argumentationsschemata, die in Kapitel 3.1 vorgestellt werden, so anwenden könnte, dass eine Bejahung des Konsequens oder Verneinung des Antecedens entsteht.

(iii) Unverständliche, ungenaue oder unsachliche Formulierungen

Argumentationen können des Weiteren defizitär sein, weil eine oder mehrere Formulierungen darin defizitär sind. Mögliche Defizite der Formulierungen lassen sich entdecken, indem man sich unter anderem folgende ausdrucksbezogene Fragen stellt:

- Ist der Text kohärent?
- Bleibt die Bedeutung der Ausdrücke gleich?
- Werden nur Existenzen unterstellt, die unzweifelhaft sind?
- Werden nur Wörter ohne zu starke evaluative und/oder deontische Bedeutung verwendet?

Kohärenz ist ein textlinguistischer Fachausdruck für den inhaltlich-konzeptuellen Zusammenhang eines Textes (vgl. etwa Averintseva-Klisch 2013/2018: 2, 7-17). Dieser kann in Argumentationen durch die gewählten Formulierungen eingeschränkt sein, wodurch sie schwer oder sogar unverständlich werden. Ein Extrembeispiel dafür bietet der folgende Kommentar aus einem öffentlichen Online-Forum des österreichischen Boulevard-Blatts „Kronen-Zeitung". Die Frage, die von der Redaktion in dem Forum gestellt wurde, lautet: „Wie stehen Sie zum bedingungslosen Grundeinkommen?":

(11) Ist es vielleicht eine Rechtfertigung wegen der MS [der staatlichen Mindestsicherung, J.S.] die genug Personen erhalten die keinen Tupf arbeiten meine aber nur die Migranten – habe 45 Jahre und bekomme um 250 € mehr – eine bodenlose Frechheit alleine nur der Gedanke ist eine Zumutung – dieser Experte hat das so dargestellt als wenn die Pensionisten schon seit 60 Jahren dies ausnutzten also nix arbeiten und Pensi [Pension, J.S.]

erhalten – dieser Mann gehört in ein Arbeitslager damit er einmal weis was arbeiten heißt aber ohne Gehalt – den wir haben viele ehrenamtliche die sich bis zum geht nicht mehr abschuften ohne Geld …….. (Spassvogel 2019, Fehler i. O.)

Der Nickname, unter dem der Verfasser schreibt, deutet an, dass es sich hier um einen scherzhaft-parodistischen Kommentar handelt. Doch egal, ob eine Parodie vorliegt oder ob der Kommentar ernst gemeint ist: Vor allem aufgrund der mangelnden Kohäsion (also des ungenügenden formalen Zusammenhalts des Textes durch verknüpfende sprachliche Mittel) und weil Bezüge auf Außersprachliches unklar bleiben (aus dem Kontext geht zum Beispiel nicht hervor, welcher *Experte* gemeint ist), ist der Beispieltext inkohärent und dadurch unverständlich.

Ungenaue Formulierungen liegen beispielsweise dann vor, wenn in Argumentationen die Bedeutung von Ausdrücken wechselt. Davon betroffen sind oft Ausdrücke wie *Freiheit* oder *Verantwortung,* deren Bedeutungsspektrum sehr breit ist. Ungenau formuliert ist aber auch, wenn Ausdrücke wie *Rentnerschwemme, Masseneinwanderung, Bore-out* oder *Coronastarre* verwendet werden. Solche Wörter suggerieren, dass etwas existiert, was aber keineswegs gewiss ist und zunächst durch wissenschaftliche Statistiken oder Studien zu klären wäre.

Unsachliche Formulierungen schließlich können sich aus Wörtern mit zu starker evaluativer oder deontischer Bedeutung ergeben. Nicht immer begründet die Verwendung solcher Wörter in Argumentationen ein Defizit. Wenn Wörter mit evaluativer oder deontischer Bedeutung aber einen täuschenden, verschleiernden, irreführenden Charakter haben, ist Kritik berechtigt. Dies gilt oft für stark beschönigende, euphemistische Bezeichnungen, wie *erweiterte Verhörmethoden* für ‚Folter‘, *Begrüßungszentrum* für ‚Flüchtlingslager‘, *Topterrorist* für ‚Mörder‘ oder *notleidende Banken* für ‚Banken in Schwierigkeiten, für die sie selbst verantwortlich sind‘. Ob und inwieweit ein Ausdruck irreführt, lässt sich allerdings nur im konkreten Verwendungskontext entscheiden.

(iv) Unstrukturierte Gliederungen

Argumentationen können außerdem defizitär sein, weil die Gliederung bestimmter Abschnitte oder auch die Gliederung als Ganzes defizitär ist. Mögliche Defizite der Gliederung lassen sich finden, indem man sich folgende informationsstrukturelle Fragen stellt:

- Decken sich die Originaläußerungen in ihrer Anordnung weitgehend mit der rekonstruierten Makrostruktur?

- Decken sich die Originaläußerungen in ihrer Anordnung weitgehend mit der rekonstruierten Mikrostruktur?

Ein Beispiel für eine unstrukturierte Gliederung liefert der nachstehende Online-Kommentar zu einem Artikel in der Schweizer Boulevard-Zeitung „Blick". Am Ende des Artikels mit dem Titel „Hurra, wir leben noch!" drückt der schreibende Journalist seine Freude darüber aus, dass man die Phase der vorerst stärksten Einschränkungen im Kampf gegen COVID-19 hinter sich gelassen habe. Der betreffende Kommentar dazu lautet:

(12) Was wir aber weiterhin erfahren werden, sind solche Bilder wie in Genf, wo hunderte Arbeitslose für Essensrationen anstehen oder beinahe täglich, welche (Traditions-)Firmen schliessen müssen und weitere Leute auf die Strasse stellen. Warum nur musste gleich alles heruntergefahren werden? Während Migros/Coop [zwei große Supermarktketten in der Schweiz, J.S.] offen waren, mussten alle anderen schliessen, obwohl sie dasselbe Schutzkonzept hatten. Für mich hat das Krisenmanagement des BR [Bundesrates, J.S.] versagt. Auch die Vorsorge wurde vernachlässigt. (Glaus 2020, Fehler i. O.)

Der Standpunkt dieser Argumentation scheint zunächst zu sein, dass es keinen Grund zur Freude gebe. Erst im Verlauf des Kommentars wird klar, dass der Standpunkt eigentlich *Das Krisenmanagement des Bundesrates ist abzulehnen* ist. Für diesen Standpunkt werden zwei pragmatische Argumente vorgebracht, *Das Krisenmanagement hat zu einer Vernachlässigung der Vorsorge geführt* und *Das Krisenmanagement hat dazu geführt, dass zahlreiche Betriebe schließen mussten*. Eines dieser Argumente wird vor dem Standpunkt und eines danach genannt. Dass die Schließung zahlreicher Betriebe abzulehnen ist, wird mit einem weiteren pragmatischen Argument begründet: *Die Schließung zahlreicher Betriebe hat zu Firmenpleiten, mehr Arbeitslosigkeit und Armut geführt*. Dieses Unterargument wird als allererstes genannt. Die Äußerungen weichen damit stark von der rekonstruierten Struktur ab, und die Gliederung ist unstrukturiert.

(v) Unangemessene Einsätze

Argumentationen können darüber hinaus defizitär sein, weil ihr Einsatz in der jeweiligen Situation defizitär ist. Mögliche Defizite des Einsatzes lassen sich finden, indem man sich folgende situationsbezogene Fragen stellt:
- Passt die Argumentation zum Zielpublikum?
- Ist eine Argumentation überhaupt situativ angemessen?

Immer wieder stößt man auf Argumentationen, die unangemessen eingesetzt sind, weil sie nicht richtig zum Publikum passen. Sie sind zum Beispiel zu komplex oder zu einfach für die Adressierten, haben einen sprachlichen Stil, der sich nicht mit deren Erwartungen deckt, oder enthalten Argumente, die deren Interessen und Überzeugungen nicht entsprechen. Vor allem in der nicht-linguistischen Argumentationsforschung wird die Ausrichtung von Argumentationen auf das Publikum in der Regel mit dem Stichwort *Rhetorik* in Verbindung gebracht. Aus linguistischer Sicht bietet sich dafür auch der Begriff des *recipient designs* an (vgl. Sacks/Schegloff/Jefferson 1974: 727). Mit *recipient design* oder *Adressatendesign* ist die Gestaltung von Äußerungen auf die Adressierten hin gemeint, also die erkennbare Berücksichtigung von deren Wissen, Erfahrungen, Erwartungen, Gewohnheiten, Interessen und/oder Fähigkeiten.

Nur in wenigen Situationen sind Argumentationen prinzipiell unangemessen. Dies gilt beispielsweise für Not- oder Gefahrensituationen, in denen unverzüglich gehandelt werden muss. Außerdem kann es für den Umgang mit sehr kleinen Kindern, dementen älteren Menschen oder Betrunkenen gelten, mit Menschen also, die in der jeweiligen Situation nicht über die kognitiven Fähigkeiten verfügen, die zum Verständnis einer Argumentation notwendig sind. Ob dies der Fall ist, wird man allerdings in der Praxis oft erst durch einen Argumentationsversuch in Erfahrung bringen können.

(vi) Unfaire Umgangsweisen

Schließlich können Argumentationen defizitär sein, weil der Umgang mit dem Opponenten entweder partiell oder insgesamt defizitär ist. Mögliche Defizite des Umgangs mit dem Opponenten lassen sich finden, indem man sich folgende ethische Fragen stellt:

- Ist das Vorgehen nicht zu konfliktorientiert?
- Ist das Vorgehen auch sonst in zwischenmenschlicher Hinsicht akzeptabel?

Zentrale kommunikative Mittel, die in Argumentationen für eine Konfliktorientierung sorgen können, wurden in Kapitel 5.2 dargestellt. Welcher Umgang übertrieben konfliktorientiert oder aus anderen Gründen menschlich unanständig ist, ist natürlich vom Kontext abhängig. So ist zum Beispiel in politischen TV-Diskussionen eine stärkere Konfliktorientierung üblich als etwa in privaten Tischgesprächen. Sicherlich ist die ethische Beurteilung von Argumentationen jedoch in besonderem Maße eine Sache der persönlichen Ansicht. Ein Konsens dürfte immerhin darüber bestehen, dass Beschimpfungen des Opponenten und die Verbreitung von Falschaussagen über sie/ihn unfair sind. Als unfair dürfte es im Allgemeinen auch angesehen werden, wenn versucht wird, den Opponenten daran zu hindern, die eigenen Argumente vorzutragen.

7.3 Zusammenfassung

Für die Bewertung von Argumentationen kommen verschiedene Bewertungsmaßstäbe infrage. Man kann Argumentationen danach bewerten, ob der Opponent vom Standpunkt der/des Argumentierenden überzeugt worden ist. Man kann sie ebenfalls danach beurteilen, ob der Opponent provoziert oder mediale Aufmerksamkeit erzeugt worden ist. Alternativ kann man Argumentationen danach bewerten, ob sie den Normen des Publikums entsprechen, sofern Letztere bekannt sind. Und schließlich kann man einen der Bewertungsmaßstäbe für Argumentationen verwenden, die von wissenschaftlicher Seite entwickelt worden sind.

Das hier vorgeschlagene linguistische Bewertungsmodell eignet sich zur ganzheitlichen Beurteilung von Argumentationen aus zahlreichen Lebensbereichen. Es geht davon aus, dass Argumentationen aus mehreren Gründen defizitär sein können: Die Prämissen der Argumente können unpassend, falsch, fragwürdig oder einseitig gewählt sein, die argumentativen Schlüsse können ungültig sein, die Formulierungen können unverständlich, ungenau oder unsachlich sein, die Gliederung kann unstrukturiert sein, der Einsatz der Argumentation kann situativ unangemessen sein, und der Umgang mit dem Opponenten kann unfair sein. Ob entsprechende Defizite vorliegen, wird mithilfe gezielter Fragen überprüft. Damit kombiniert das Modell sachliche, logische, ausdrucksbezogene, informationsstrukturelle, situative und ethische Bewertungskriterien.

Tabelle 5 bietet eine abschließende Übersicht über alle obligatorischen und optionalen Schritte einer Argumentationsanalyse, die in dieser Einführung behandelt wurden.

Obligatorische Schritte einer Argumentationsanalyse Parallel dazu: Rekonstruktion: Wie lautet die Argumentation in ihrer knappsten, vollständigsten, klarsten und folgerichtigsten Form?	**1. Identifikation:** Liegt eine Argumentation vor? Welche Abschnitte des Textes sind argumentativ, welche nicht?
	2. Analyse der Makrostruktur: Wofür oder wogegen wird argumentiert? Wie viele Schlüsse gibt es? In welcher Beziehung stehen sie zueinander?
	3. Analyse der Mikrostruktur: Aus welchen Prämissen und welchen Konklusionen setzen sich die Schlüsse zusammen?
	4. Vergleich der rekonstruierten Struktur mit den Originaläußerungen: In welchem Verhältnis steht die rekonstruierte Struktur zu den Originaläußerungen? Musste man viel kürzen, ergänzen, austauschen und/oder neu anordnen?
	5. Analyse der Schemata: Welche Argumentationsschemata kommen wie oft vor?
Optionale Schritte einer Argumentationsanalyse	**Analyse der inhaltlichen Muster (setzt eine Serie von Argumentationen voraus):** Welche musterhaften Standpunkte, zweite und dritte Prämissen, argumentativen Topoi und/oder höheren Werte lassen sich ermitteln? Wie oft kommen sie vor?
	Analyse der Beziehungsgestaltung: In welcher Grundkonstellation findet die Argumentation statt? Ist sie eher konflikt- oder eher konsensorientiert, wenn verschiedene Standpunkte vertreten werden, und wodurch?
	Multimodale Analyse: Welche nicht-sprachlichen Modalitäten kommen vor? Was leisten sie für die Argumentation?
	Analyse des Zusammenspiels mit anderen Praktiken: Enthält die Argumentation eine andere Praktik? Was leistet diese für die Argumentation? Ist sie Teil einer anderen Praktik? Was leistet die Argumentation für diese?
	Analyse von Argumentationen in Textsorten (setzt eine Serie von Argumentationen voraus): Welche argumentativen Merkmale kennzeichnen die Textsorte? Alternativ: Wie prägt sich ein argumentatives Merkmal in verschiedenen Textsorten aus?
	Analyse von Argumentationen in Diskursen (setzt eine Serie von Argumentationen voraus): Welche argumentativen Merkmale kennzeichnen

| | den Diskurs? Alternativ: Wie prägt sich ein argumentatives Merkmal in verschiedenen Diskursen aus? |
| | **Analyse möglicher Defizite:** Welche Defizite weist die Argumentation auf? Wie ist sie dementsprechend zu bewerten? |

Tab. 5: Die obligatorischen und optionalen Schritte einer Argumentationsanalyse

Grundbegriffe: Deskriptiv, normativ, gültig, Fehlschluss, Defizit.

Weiterführende Literatur: Einen Überblick über Theorien der deliberativen Demokratie gibt das von Bächtiger/Dryzek/Mansbridge u. a. herausgegebene Handbuch (2018). Das Bewertungsmodell der *pragma-dialectical argumentation theory* lässt sich bei Eemeren/Grootendorst (1992, 2004) nachlesen. Der traditionelle Umgang mit *fallacies* wird von Hamblin (1970: 9-49) präsentiert und kritisiert. Ausgangs- und zentraler Referenzpunkt für diesen Umgang sind die sogenannten *Sophistischen Widerlegungen* von Aristoteles ([o. J.]/2019).

8. Ausblick

In dieser Einführung wurde ein kohärentes Modell von Analysebegriffen und -schritten präsentiert, mit denen man Argumentationen aus ganz unterschiedlichen Lebensbereichen aus der Perspektive der Linguistik umfassend untersuchen kann.

Dabei wurde deutlich, dass linguistische Argumentationsanalysen das Lesen, Verstehen und Deuten von Texten oder Textausschnitten voraussetzen. Sind größere digitale Korpora und technische Applikationen zu deren Auswertung, die heute zu den Standardressourcen der linguistischen Forschung gehören, also für Argumentationsanalysen nicht zu gebrauchen? Keinesfalls. Richtig ist: Linguistische Argumentationsanalysen können zwar ohne sie auskommen, aber auch davon profitieren (vgl. dazu beispielsweise Stede/Schneider 2019). So lassen sich zwar etwa die Analyse der Makro- und Mikrostruktur einer Argumentation bislang nur unzureichend maschinell durchführen. Auch argumentative Schlüsse und Argumentationen insgesamt lassen sich aktuell nur stark fehlerhaft maschinell in digitalen Korpora identifizieren – es sei denn natürlich, die Korpora wurden zunächst von Menschen annotiert. Digitale Korpora und technische Applikationen zu deren Auswertung lassen sich aber problemlos einsetzen für

- das Auffinden von Texten und Textstellen, bei denen aufgrund des Vorkommens bestimmter Ausdrücke (etwa potenzieller Argumentationsindikatoren) der Verdacht besteht, dass sie eine Argumentation bilden, ein Argument enthalten oder auch ein bestimmtes Argumentationsschema realisieren,
- das Auffinden von Texten und Textstellen, bei denen aufgrund des Vorkommens bestimmter Ausdrücke (wie thematischer Stichwörter) oder aufgrund bestimmter Metainformationen (zum Beispiel Angaben zur Textsorte) der Verdacht besteht, dass sie einem bestimmten Diskurs oder einer bestimmten Textsorte zugehören,
- die Untersuchung der argumentativen und anderen Verwendungsweisen von potenziellen Argumentationsindikatoren und Gliederungssignalen,
- die Analyse von Formulierungsbesonderheiten in argumentativen Texten (beispielsweise von Wortfrequenzen, Schlüsselwörtern, Kollokationen oder *n-grams*) und
- die Erforschung der Metakommunikation über Argumentation (etwa von wertenden Äußerungen über Argumentationen, die Rückschlüsse auf argumentative Normen des Publikums erlauben).

Zusätzlich können digitale Korpora natürlich bei der Beantwortung diverser pragmatischer, semantischer oder grammatischer Detailfragen helfen, die sich im Laufe einer Argumentationsanalyse stellen. Darauf, dass digitale Korpora bei der Überprüfung möglicher evaluativer oder deontischer Bedeutungen von Wörtern nützlich sein können, wurde in Kapitel 2.5 bereits hingewiesen.

Damit bestätigt sich noch einmal, was sich in den vorausgehenden sieben Kapiteln bereits gezeigt hat: Historische und zeitgenössische Argumentationen können zum Gegenstand von Argumentationsanalysen mit durchaus unterschiedlichen Schwerpunkten werden. Da Argumentationen so häufig und vielfältig sind, ist das Feld der möglichen empirischen Analysen von Argumentationen riesig. Weil die traditionelle Argumentationsforschung, vor allem die außerhalb der Linguistik, viel stärker theoretisch als empirisch ausgerichtet war, ist vieles auf diesem Feld noch unerforscht. Doch nicht nur wegen der vielen Möglichkeiten, eigene Schwerpunkte zu setzen und Neues zu erschließen, sind linguistische Argumentationsanalysen attraktiv. Mit jeder Analyse lernt man als Forschende/r Neues über Argumentation, das man in eigenen Argumentationen anwenden könnte. Und man lernt den gesellschaftlichen und sozialen Wert von Argumentation noch einmal neu zu schätzen. „Man kann auf einem Standpunkt stehen, aber man sollte nicht darauf sitzen", soll sich Erich Kästner geäußert haben. Jedenfalls dann nicht, wenn man überzeugende Argumente für einen anderen Standpunkt kennen gelernt hat, ließe sich ergänzen.

Quellen[1]

Ungewöhnliche Schreibungen und Schreibfehler der Quellen wurden in die Zitate dieses Buches übernommen.

[Anonym.] (2019): [Wohnungsanzeige].
 Unter: https://www.willhaben.at/iad/immobilien (Abfrage: 13.10.2019).
B. (1836): Mutter. In: C.[arl] Herlosssohn (Hrsg.): Damen Conversations Lexikon. 7. Bd. Adorf: Verlags-Bureau, 330-332.
Berg, Sibylle (2019): „Ich glaubte immer an die größtmögliche Freiheit". [Interview, geführt von Anna Mayr.] In: Die Zeit 74 Nr. 46, 10.
Berlin-Brandenburgische Akademie der Wissenschaften (Hrsg.) (2020a): DWDS. Digitales Wörterbuch der deutschen Sprache. Unter: https://www.dwds.de (Abfrage: 09.09.2020).
Berlin-Brandenburgische Akademie der Wissenschaften (Hrsg.) (2020b): DWDS. Digitales Wörterbuch der deutschen Sprache. Wortprofil von *daher*. Unter: https://dwds.de/wb/daher (Abfrage: 09.09.2020).
Böll, Heinrich (1963/2004): Werke. Kölner Ausgabe. 13. Bd.: Ansichten eines Clowns. Hrsg. von Árpád Bernáth. Köln: Kiepenheuer und Witsch.
Bundeskanzlei (Hrsg.) (2014): Volksabstimmung vom 18. Mai 2014. Erläuterungen des Bundesrates.
 Unter: https://www.bk.admin.ch/ch/d/pore/va/20140518/index.html (Abfrage: 09.09.2020).
Bundesrat (2017): [TV-Ansprache zum] Energiegesetz. Produziert von SRG SSR. Transkribiert von Stefan Keller/Juliane Schröter.
 Unter: https://www.admin.ch/gov/de/start/dokumentation/ abstimmungen/20170521/Energiegesetz.html (Abfrage: 09.09.2020).[2]
Clark, Gregor/Vesna Maric (2014): Lonely planet. Sizilien. Übs. von Berna Ercan/Derek Frey/Marion Matthäus u. a. 3. deutsche Aufl. Ostfildern: Mairdumont.
Confiserie Sprüngli (2019): Confiserie Sprüngli. Tradition seit 1836. Unter: https://www.spruengli.ch/de/ (Abfrage: 15.11.2019).
Dardan, Asal/Lukas Hermsmeier/Fabian Wolff (2019): Ist die historische Verantwortung für alle Deutschen gleich hoch? [Interview, geführt von Jochen Bittner/Verena F. Hasel.] In: Die Zeit 74 Nr. 46, 12.

---

[1] Ich habe nach bestem Wissen und Gewissen versucht, die Rechteinhabenden aller Abbildungen ausfindig zu machen, die keine Bildzitate sind, und ihre Zustimmung zum Abdruck einzuholen. Allfällige Rechteinhabende, die nicht eruiert werden konnten, bitte ich, mit mir Kontakt aufzunehmen.
[2] Das sprechende Mitglied des Bundesrates hat eine mündliche Ansprache gehalten. Für den Wortlaut des Transkriptes ist es nicht verantwortlich.

Debating Europe (2020): Ehe für alle. Für und Wider.
  Unter: https://www.debatingeurope.eu/de/focus/argumente-fuer-und-gegen-homoehe/ (Abfrage: 09.09.2020).
Glaus, Christoph (2020): [Kommentar zu] Hurra, wir leben noch! BlickPunkt über die Vision einer Welt ohne Corona. In: Blick [online] (30.05.).
  Unter: https://www.blick.ch/meinung/thema-der-woche/blickpunkt-ueber-die-vision-einer-welt-ohne-corona-hurra-wir-leben-noch-id15914080.html (Abfrage: 09.09.2020).
[GOAL/Initiativ-Komitee (2009)]: [Plakat für die Volksinitiative „Gegen den Bau von Minaretten"].
  Unter: https://www.swissinfo.ch/ger/minarettverbot/590418 (Abfrage: 09.09.2020).
JeNiJo (2019): Es wäre ein wunderschönes Hotel … Unter: https://www.tripadvisor.ch/Hotel_Review-g188113-d196061-Reviews-The_Dolder_Grand-Zurich.html#REVIEWS (Abfrage: 09.09.2020).
Kaplan, Helmut F. (1993/[o. J.]): Leichenschmaus. Ethische Gründe für eine vegetarische Ernährung. Reinbek/Hamburg: Rowohlt (= Rororo 9513). Wiedergabe eines Auszugs unter: https://www.swissveg.ch/node/528 (Abfrage: 09.09.2020).
Kirchweger, Kornelia (2019): Offener Brief an Greta Thunberg: Wir lassen uns nicht länger beschimpfen! Reaktion auf Wut-Rede vor UNO. In: Wochenblick. Die neue Zeitung aus Oberösterreich [online] (26.09.). Unter: https://www.wochenblick.at/offener-brief-an-greta-thunberg-wir-lassen-uns-nicht-laenger-beschimpfen/ (Abfrage: 09.09.2020).
Köppel, Roger (2016): 16.028. Freizügigkeitsabkommen. Ausdehnung auf Kroatien. Votum. In: Amtliches Bulletin [online] (26.04.). Unter: https://www.parlament.ch/de/ratsbetrieb/amtliches-bulletin/amtliches-bulletin-die-verhandlungen?SubjectId=37185#votum4 und https://www.youtube.com/watch?v=zPLjqyR2nGQ (Abfrage: 09.09.2020).
Kohler, Marianne (2020): 10 gute Gründe zum Faulenzen. In: Sweet home (31.05.). Unter: https://blog.tagesanzeiger.ch/sweethome/index.php/115250/10-gute-gruende-zum-faulenzen/; Bild unter: https://www.instagram.com/p/B96JTSTKSE6/ (Abfrage: 09.09.2020).
Kurbjuweit, Dirk (2006): Mehr als nur ein Spiel. Faszination Fußball. In: Der Spiegel [online] (08.06.). Unter: https://www.spiegel.de/sport/fussball/faszination-fussball-mehr-als-nur-ein-spiel-a-419515.html (Abfrage: 09.09.2020).
Leibniz-Institut für Deutsche Sprache (IDS) (Hrsg.) (2020): Deutsches Referenzkorpus DeReKo. Unter: https://cosmas2.ids-mannheim.de/cosmas2-web/ (Abfrage: 09.09.2020).
Rützel, Anja (2019): „Graue Wände, graue Kleidung sind eine Erholung vom Zwang, Farbe bekennen zu müssen". Grau, was sonst! In: Die Zeit 74 Nr. 46, 74.
Ruoss, Emanuel (2019): Schweizerdeutsch und Sprachbewusstsein. Zur Konsolidierung der Deutschschweizer Diglossie im 19. Jahrhundert. Berlin: de Gruyter (= Reihe Germanistische Linguistik 316).
Spassvogel (2019): [Kommentar zu] Wie stehen Sie zum bedingungslosen Grundeinkommen? „Krone"-Forum. In: Kronen-Zeitung [online] (18.11.). Unter: https://www.krone.at/2044804 (Abfrage: 09.09.2020).

thorstenschlett (2018): [Kommentar zu] Die Erfindung des Rassismus. Ideologie. In: Die Zeit [online] (13.06.). Unter: https://www.zeit.de/gesellschaft/zeitgeschehen/2018-06/rassismus-ideologie-nationalsozialismus-rassentheorie-antike-mittelalter-genetik (Abfrage: 09.09.2020).

Van der Bellen, Alexander (2019): Rede zur aktuellen politischen Lage [gehalten am 21. Mai]. Unter: https://www.bundespraesident.at/aktuelles/detail/rede-zur-aktuellen-politischen-lage (Abfrage: 09.09.2020).

Vegane Gesellschaft Deutschland ([o. J.]): Vegan im Alltag. Unter: https://www.vegane.org/darum-vegan/ (Abfrage: 09.09.2020).

Vegane Gesellschaft Schweiz ([o. J.]): Argumente. Unter: https://vegan.ch/warum-vegan/ (Abfrage: 16.11.2019).

Vogt, Jonas (2019): Bargeldlose Welt: Österreich. Wo das Recht auf Bares in die Verfassung soll. In: NZZ Folio [o. Jg.] H. 340, 28-31.

Weidel, Alice (2018): Deutscher Bundestag. Stenografischer Bericht. 64. Sitzung. Plenarprotokoll 19/64. [Rede.] Unter: https://dipbt.bundestag.de/doc/btp/19/19064.pdf und https://www.youtube.com/watch?v=AKQKpChhBK8 (Abfrage: 09.09.2020).

Weizsäcker, Richard von (1997): Vier Zeiten. Erinnerungen. Berlin: Siedler.

WWF (2020): Retten Sie die Eisbären! Unter: https://wwf.at/ (Abfrage: 24.06.2020).

Literatur

Anthony, Laurence (2019): AntConc. [Version 3.5.8.] Unter: http://www.laurenceanthony.net/software (Abfrage: 09.09.2020).
Aristoteles ([o. J.]/2019): Topik, neuntes Buch. Oder: Über die sophistischen Widerlegungsschlüsse. In: Aristoteles: Philosophische Schriften. 2. Bd.: Topik. Topik, neuntes Buch. Oder: Über die sophistischen Widerlegungsschlüsse. Übs. von Hans Günter Zekl. Hamburg: Meiner (= Philosophische Bibliothek 722), 225-290.
Austin, John L. (1962/2002): Zur Theorie der Sprechakte. (How to do things with words). Übs. und bearb. von Eike von Savigny. 2., erg. Aufl. Stuttgart: Reclam (= Universal-Bibliothek 9396).
Averintseva-Klisch, Maria (2013/2018): Textkohärenz. 2., aktual. Aufl. Heidelberg: Winter (= Kurze Einführungen in die germanistische Linguistik 14).
Bächtiger, André/John S. Dryzek/Jane Mansbridge u. a. (Hrsg.) (2018): The Oxford handbook of deliberative democracy. Oxford: Oxford University Press.
Bayer, Klaus (1999/2007): Argument und Argumentation. Logische Grundlagen der Argumentationsanalyse. 2., überarb. Aufl. Göttingen: Vandenhoeck und Ruprecht (= Studienbücher zur Linguistik 1).
Becker, Tabea/Juliane Stude (2017): Erzählen. Heidelberg: Winter (= Kurze Einführungen in die germanistische Linguistik 19).
Bonacchi, Silvia (2018): Verbale Aggression. In: Frank Liedtke/Astrid Tuchen (Hrsg.): Handbuch Pragmatik. Stuttgart: Metzler, 439-447.
Brezina, Vaclav/P.[ierre] Weill-Tessier/Antony McEnery (2020): #LancsBox. [Version 5.0.] Unter: http://corpora.lancs.ac.uk/lancsbox/download.php (Abfrage: 09.09.2020).
Brinker, Klaus/Hermann Cölfen/Steffen Pappert (1985/2014): Linguistische Textanalyse. Eine Einführung in Grundbegriffe und Methoden. 8., überarb. und erw. Aufl. Berlin: Schmidt (= Grundlagen der Germanistik 29).
Brown, Penelope/Stephen C. Levinson (1978/1987): Politeness. Some universals in language usage. 2., korr. und erw. Aufl. Cambridge: Cambridge University Press (= Studies in interactional sociolinguistics 4).
Cohen, Joshua (1989/2006): Deliberation and democratic legitimacy. In: Robert E. Goodin/Philip Pettit (Hrsg.): Contemporary political philosophy. An anthology. 2. Aufl. Malden: Blackwell (= Blackwell philosophy anthologies 4), 159-170.
Deppermann, Arnulf/Helmuth Feilke/Angelika Linke (Hrsg.) (2016): Sprachliche und kommunikative Praktiken. Berlin: de Gruyter (= Institut für Deutsche Sprache. Jahrbuch 2015).
Diewald, Gabriele (2014): Kontext. In: Stefan Schierholz/Pál Uzonyi (Hrsg.): Wörterbücher zur Sprach- und Kommunikationswissenschaft (WSK) online. Grammatik: Syntax. Unter:
https://www.degruyter.com/view/db/wsk?lang=de (Abfrage: 09.09.2020).
Eemeren, Frans H. van/Rob Grootendorst (1992): Argumentation, communication, and fallacies. A pragma-dialectical perspective. Hillsdale: Erlbaum.
Eemeren, Frans H. van/Rob Grootendorst (2004): A systematic theory of argumentation. The pragma-dialectical approach. Cambridge: Cambridge University Press.

Eemeren, Frans H. van/Bart Garssen/Erik C. W. Krabbe u. a. (2014): Handbook of argumentation theory. Dordrecht: Springer.

Ehrhardt, Claus (2018): Höflichkeit. In: Frank Liedtke/Astrid Tuchen (Hrsg.): Handbuch Pragmatik. Stuttgart: Metzler, 282-292.

Finkbeiner, Rita (2015): Einführung in die Pragmatik. Darmstadt: WBG.

Fritz, Thomas A. (2016): Der Text. In: Angelika Wöllstein/Dudenredaktion (Hrsg.): Duden. Die Grammatik. Unentbehrlich für richtiges Deutsch. 9., überarb. und aktual. Aufl. Berlin: Duden (= Duden 4), 1073-1179.

Gardt, Andreas (2007): Diskursanalyse. Aktueller theoretischer Ort und methodische Möglichkeiten. In: Ingo H. Warnke (Hrsg.): Diskurslinguistik nach Foucault. Theorie und Gegenstände. Berlin: de Gruyter (= Linguistik. Impulse und Tendenzen 25), 27-52.

Girnth, Heiko (2002/2015): Sprache und Sprachverwendung in der Politik. Eine Einführung in die linguistische Analyse öffentlich-politischer Kommunikation. 2., überarb. und erw. Aufl. Berlin: de Gruyter (= Germanistische Arbeitshefte 39).

Hamblin, C.[harles] L. (1970): Fallacies. London: Methuen.

Hannken-Illjes, Kati (2018): Argumentation. Einführung in die Theorie und Analyse der Argumentation. Tübingen: Narr Francke Attempto.

Hastings, Arthur C. (1962): A reformulation of the modes of reasoning in argumentation. Evanston: Northwestern University [Dissertation].

Hausendorf, Heiko/Wolfgang Kesselheim (2008): Textlinguistik fürs Examen. Göttingen: Vandenhoeck und Ruprecht (= Linguistik fürs Examen 5).

Heinemann, Wolfgang (2000): Textsorte – Textmuster – Texttyp. In: Klaus Brinker/Gerd Antos/Wolfgang Heinemann u. a. (Hrsg.): Text- und Gesprächslinguistik. Ein internationales Handbuch zeitgenössischer Forschung. 1. Halbbd. Berlin: de Gruyter (= Handbücher zur Sprach- und Kommunikationswissenschaft 16.1), 507-523.

Hermanns, Fritz (1995/2012): Kognition, Emotion, Intention. Dimensionen lexikalischer Semantik. In: Fritz Hermanns: Der Sitz der Sprache im Leben. Beiträge zu einer kulturanalytischen Linguistik. Hrsg. von Heidrun Kämper/Angelika Linke/Martin Wengeler. Berlin: de Gruyter, 129-162.

Herrmann, Markus/Michael Hoppmann/Karsten Stölzgen u. a. (2010/2012): Schlüsselkompetenz Argumentation. 2., aktual. Aufl. Paderborn: Schöningh (= UTB 3428).

Jewitt, Carey (Hrsg.) (2009/2014): The Routledge handbook of multimodal analysis. 2. Aufl. Milton Park: Routledge.

Kienpointner, Manfred (1992): Alltagslogik. Struktur und Funktion von Argumentationsmustern. Stuttgart/Bad Cannstatt: Frommann-Holzboog (= Problemata 126).

Klaus, Georg (1971): Sprache der Politik. Berlin (Ost): Deutscher Verlag der Wissenschaften.

Klein, Josef (2019): Politik und Rhetorik. Eine Einführung. Wiesbaden: Springer.

Klug, Nina-Maria/Hartmut Stöckl (Hrsg.) (2016): Handbuch Sprache im multimodalen Kontext. Berlin: de Gruyter (= Handbücher Sprachwissen 7).

Kopperschmidt, Josef (1989): Methodik der Argumentationsanalyse. Stuttgart/Bad Cannstatt: Frommann-Holzboog (= Problemata 119).

Linell, Per (1998): Approaching dialogue. Talk, interaction and contexts in dialogical perspectives. Amsterdam: Benjamins (= Impact. Studies in language and society 3).
Linke, Angelika/Juliane Schröter (2017): Sprache in Beziehungen – Beziehungen in Sprache. Überlegungen zur Konstitution eines linguistischen Forschungsfeldes. In: Angelika Linke/Juliane Schröter (Hrsg.): Sprache und Beziehung. Berlin: de Gruyter (= Linguistik. Impulse und Tendenzen 69), 1-31.
Markewitz, Friedrich (2018): Textsorte. In: Christina Gansel/Constanze Spieß (Hrsg.): Wörterbücher zur Sprach- und Kommunikationswissenschaft (WSK) online. Textlinguistik und Stilistik. Berlin: de Gruyter. Unter: https://www.degruyter.com/view/db/wsk?lang=de (Abfrage: 09.09.2020).
Niehr, Thomas (2004): Der Streit um Migration in der Bundesrepublik Deutschland, der Schweiz und Österreich. Eine vergleichende diskursgeschichtliche Untersuchung. Heidelberg: Winter (= Sprache. Literatur und Geschichte 27).
Niehr, Thomas (2014): Einführung in die linguistische Diskursanalyse. Darmstadt: WBG.
Ostheeren, K.[laus]/G.[regor] Kalivoda/F.[ilippo] Ranieri u. a. (2009): Topos. In: Gert Ueding (Hrsg.): Historisches Wörterbuch der Rhetorik. 9. Bd. Tübingen: Niemeyer, 630-724.
Pasch, Renate/Ursula Brauße/Eva Breindl u. a. (2003-2014): Handbuch der deutschen Konnektoren. 2 Tle. Berlin: de Gruyter (= Schriften des Instituts für Deutsche Sprache 9 und 13).
Perelman, Ch.[aïm]/L.[ucie] Olbrechts-Tyteca (1958/1971): The new rhetoric. A treatise on argumentation. Übs. von John Wilkinson/Purcell Weaver. Notre Dame: University of Notre Dame Press.
Reisigl, Martin (2014): Argumentation analysis and the discourse-historical approach. A methodological framework. In: Christopher Hart/Piotr Cap (Hrsg.): Contemporary critical discourse studies. London: Bloomsbury, 67-96.
Rigotti, Eddo/Sara Greco (2019): Inference in argumentation. A topics-based approach to argument schemes. Cham: Springer (= Argumentation library 34).
Sacks, Harvey/Emanuel A. Schegloff/Gail Jefferson (1974): A simplest systematics for the organization of turn-taking for conversation. In: Language. Journal of the Linguistic Society of America 50 H. 4, 696-735.
Schröter, Juliane (2016): Vom Handeln zur Kultur. Das Konzept der Praktik in der Analyse von Verabschiedungen. In: Arnulf Deppermann/Helmuth Feilke/Angelika Linke (Hrsg.): Sprachliche und kommunikative Praktiken. Berlin: de Gruyter (= Institut für Deutsche Sprache. Jahrbuch 2015), 369-403.
Schröter, Juliane (2018): Genau oder ungenau? ‚Hedges' in der Kommunikation der Geisteswissenschaften mit nicht-wissenschaftlichen Publika. In: Martin Luginbühl/Juliane Schröter (Hrsg.): Geisteswissenschaften und Öffentlichkeit. Linguistisch betrachtet. Bern: Lang (= Sprache in Kommunikation und Medien 11), 169-195.
Schröter, Juliane M. (2019): The TV addresses of the Swiss government before popular votes. A case study of argumentation in direct democracy. In: Journal of argumentation in context 8 H. 3, 285-316.

Schröter, Juliane/Sebastian Thome (2020): SVP – FPÖ. Argumentationen zweier rechtspopulistischer Parteien im Vergleich. In: LiLi. Zeitschrift für Literaturwissenschaft und Linguistik 50 H. 2, 259-302.
Searle, John R. (1969/2013): Sprechakte. Ein sprachphilosophischer Essay. Übs. von R.[enate] Wiggershaus/R.[olf] Wiggershaus. 12. Aufl. Frankfurt/Main: Suhrkamp (= stw 458).
Searle, John R. (1975/1982): Indirekte Sprechakte. In: John R. Searle: Ausdruck und Bedeutung. Untersuchungen zur Sprechakttheorie. Übs. von Andreas Kemmerling. Frankfurt/Main: Suhrkamp (= stw 349), 51-79.
Spitzmüller, Jürgen/Ingo H. Warnke (2011): Diskurslinguistik. Eine Einführung in Theorien und Methoden der transtextuellen Sprachanalyse. Berlin: de Gruyter.
Stede, Manfred/Jodi Schneider (2019): Argumentation mining. [San Rafael]: Morgan and Claypool (= Synthesis lectures on human language technologies 40).
Steenbergen, Marco R./André Bächtiger/Markus Spörndli u. a. (2003): Measuring political deliberation. A discourse quality index. In: Comparative European politics 1, 21-48.
Stöckl, Hartmut (2016): Multimodalität. Semiotische und textlinguistische Grundlagen. In: Nina-Maria Klug/Hartmut Stöckl (Hrsg.): Handbuch Sprache im multimodalen Kontext. Berlin: de Gruyter (= Handbücher Sprachwissen 7), 3-35.
Toulmin, Stephen (1958/1975): Der Gebrauch von Argumenten. Übs. von Ulrich Berk. Kronberg/Taunus: Scriptor (= Wissenschaftstheorie und Grundlagenforschung 1).
Walton, Douglas/Chris Reed/Fabrizio Macagno (2008): Argumentation schemes. Cambridge: Cambridge University Press.
Warnke, Ingo H. (Hrsg.) (2018): Handbuch Diskurs. Berlin: de Gruyter (= Handbücher Sprachwissen 6).
Wengeler, Martin (2003): Topos und Diskurs. Begründung einer argumentationsanalytischen Methode und ihre Anwendung auf den Migrationsdiskurs (1960-1985). Tübingen: Niemeyer (= Reihe Germanistische Linguistik 244).
Wengeler, Martin (2007): Topos und Diskurs. Möglichkeiten und Grenzen der topologischen Analyse gesellschaftlicher Debatten. In: Ingo H. Warnke (Hrsg.): Diskurslinguistik nach Foucault. Theorie und Gegenstände. Berlin: de Gruyter (= Linguistik. Impulse und Tendenzen 25), 165-186.
Wengeler, Martin (2017): Diskursorientierte Argumentationsanalyse. In: Thomas Niehr/Jörg Kilian/Martin Wengeler (Hrsg.): Handbuch Sprache und Politik. 1. Bd. Bremen: Hempen (= Sprache – Politik – Gesellschaft 21.1), 261-281.

Glossar

Argumentation: eine primär sprachliche Praktik als Prozess und Produkt, die auf eine Überwindung oder Verringerung des Zweifels an einem Standpunkt oder der Verschiedenheit von Standpunkten zielt. Eine Argumentation besteht aus mindestens einem argumentativen Schluss, der sich aus einem Set von Prämissen und einer Konklusion zusammensetzt. Mindestens eine der Prämissen wird ausdrücklich formuliert, während die weiteren Prämissen und selbst die Konklusion implizit bleiben können.

Argumentationsindikator: ein sprachliches Zeichen, das dazu dient, Konklusionen oder Gründe dafür, Einwände, argumentative Schlüsse als Ganzes oder Argumentationen insgesamt zu kennzeichnen.

Argumentationsschema: ein abstraktes Muster für argumentative Schlüsse, das inhaltlich-thematisch unterschiedlich gefüllt werden kann.

Defizit: ein Problem, das Argumentationen aufweisen können.

deskriptiv: einen Untersuchungsgegenstand beschreibend, allenfalls auch erklärend und deutend.

Diskurs: eine Menge von Äußerungen oder Texten, die ein gemeinsames Thema und intertextuelle Beziehungen aufweisen. Ein Diskurs repräsentiert gesellschaftliches Wissen zu diesem Thema, konstruiert es aber auch.

Fehlschluss: ein Argument, das gültig zu sein scheint, es aber nicht ist; auch *Trugschluss* oder *ungültiger Schluss* genannt.

Gliederungssignal: ein sprachliches oder anderes Zeichen, das dazu dient, komplexe Äußerungen oder Texte zu strukturieren und deren Aufbau deutlich zu machen.

Grundkonstellation: ein basales Verhältnis von Personen und Standpunkten, in dem Argumentationen stattfinden.

gültig: ist ein Argument, dessen Konklusion zwingend aus den Prämissen folgt; auch *schlüssig* genannt.

konfliktorientiert: einen Widerspruch von Standpunkten forcierend und die Beziehung der Beteiligten dadurch und/oder mit weiteren kommunikativen Mitteln bedrohend.

Konklusion: das Kernelement eines argumentativen Schlusses, das mit dem Anspruch verbunden ist, bislang neu, nicht-anerkannt oder strittig zu sein; auch *These, q* oder *Schlussfolgerung* genannt.

konsensorientiert: einen Widerspruch von Standpunkten und dessen Bedrohlichkeit für die Beziehung der Beteiligten abschwächend und/oder die Beziehung mit weiteren kommunikativen Mitteln pflegend.

Koordination: das Verhältnis, in dem Argumente stehen, die dieselbe Konklusion stützen.

Makrostruktur: der Aufbau einer Argumentation aus argumentativen Schlüssen.

Mikrostruktur: die Zusammensetzung eines oder mehrerer argumentativer Schlüsse aus den Prämissen und der Konklusion.

Modalität: ein Zeichensystem, das in einer bestimmten Weise materiell realisiert ist und folglich mit einem bestimmten Sinn wahrgenommen werden kann.

Multimodalität: das Zusammenspiel mehrerer Modalitäten in der Kommunikation.

normativ: einen Untersuchungsgegenstand bewertend oder angebend, wie er sein sollte.

Opponent: der Gegenspieler in einer Argumentation, die/der einen anderen Standpunkt vertritt.

Prämisse: ein Kernelement eines argumentativen Schlusses, das mit dem Anspruch verbunden ist, bereits bekannt, anerkannt oder unstrittig zu sein; auch *Grund* oder *p* genannt.

Prämisse, musterhafte zweite oder dritte: eine inhaltlich-thematisch spezifizierte zweite oder dritte Prämisse eines argumentativen Schlusses, die in unterschiedlichen Formulierungen in verschiedenen Argumentationen wiederkehrt.

Praktik: ein Handlungstyp mit einer oder mehreren kennzeichnenden Funktionen. Eine Praktik kann von einer oder mehreren Personen realisiert werden und ist in der Form und im Umfang nicht festgelegt. Sie steht in Wechselwirkung mit dem Kontext sowie auch mit der Kultur und Gesellschaft, in der sie vorkommt.

Rekonstruktion: die Umformulierung der Originaläußerungen einer Argumentation im Prozess der Strukturanalyse. Durch sie erscheint die Argumentation in ihrer knappsten, vollständigsten, klarsten und folgerichtigsten Form.

Schluss, argumentativer: die zentrale Einheit einer Argumentation, die sich aus einem Set von Prämissen und einer Konklusion zusammensetzt, die in einem Begründungsverhältnis zueinander stehen; auch *Argument* genannt.

Standpunkt: die ranghöchste Konklusion einer Argumentation.

Standpunkt, musterhafter: eine ranghöchste Konklusion, die in unterschiedlichen Formulierungen in verschiedenen Argumentationen wiederkehrt.

Subordination: das Verhältnis, in dem Argumente stehen, von denen eines das andere stützt.

Textsorte: eine Klasse von Texten, die Merkmale auf mehreren Ebenen gemeinsam haben. Die gemeinsamen Merkmale können zum Beispiel die Kommunikationssituation, das Medium, die nichtsprachlichen Modalitäten, die Textbausteine und den Aufbau, das Thema oder die Themen und die Themenentfaltung, die Lexik, Phraseologie und Syntax, die Sprechakte sowie die Funktionen betreffen.

Topos, argumentativer: eine inhaltlich-thematisch spezifizierte Schlussregel, die diversen, unterschiedlich formulierten argumentativen Schlüssen zugrunde liegt und für, aber auch gegen eine These eingesetzt werden kann.

Transformation: eine Operation im Rahmen der Rekonstruktion. Mögliche Transformationen sind Kürzung, Ergänzung, Austausch und Neuanordnung.

Wert, höherer: ein abstrakteres begehrtes und geschätztes Gut, dem man die Folge eines pragmatischen Arguments zuordnen kann.

Sachregister

act, face-threatening 53, 59
Adressatendesign 86
Aggression 56, 59-60, 76
Anrede 22, 55, 57, 59, 76
Antecedens 81-83
Argument durch Definition 33, 40, 44, 73
Argument durch Induktion (über Beispiele) 38, 40-41, 66
Argument, pragmatisches 37, 48-49, 51, 62-63, 71, 73, 85, 99
Argument über die Eigenschaft einer These 38, 40-41
Argument über ein Ähnlichkeitsverhältnis 35, 40, 44
Argument über ein Analogieverhältnis 36, 40-41
Argument über ein Gegensatzverhältnis 36, 40
Argument über ein Kausalverhältnis 37, 40-41, 48
Argument über ein Verhältnis von Eigenschaft/Handlung und Identität/Qualität/Einstellung 33, 40, 67
Argument über ein Verhältnis von Ganzem und Teil 35, 40-41, 71, 78
Argument über ein Verhältnis von Genus und Spezies/Ober- und Unterbegriff 34, 40
Argumentationsindikator 21, 23-26, 31, 90, 98
Argumentationsschema 16, 32-42, 45-46, 48, 70, 72, 77-78, 83, 88, 90, 98
Bedeutung, deontische, 26, 28-31, 55, 57, 64, 83-84, 90
Bedeutung, evaluative 26, 28-31, 55, 57, 64, 83-84, 90
Defizit 63, 77-78, 80-81, 83-87, 89, 98
Dichte, argumentative 11-12
Diskurs 46, 51, 60, 71-72, 74, 88-90, 98
explizit 1, 21, 29, 40-41, 53, 55, 57
Fehlschluss 81-83, 89, 98
Gliederungssignal 21-25, 31, 90, 98
gültig 80-82, 89, 98
Höflichkeit 27, 53, 60
implizit 1, 3-4, 7, 16, 18, 21, 26, 28, 55, 73, 98
konfliktorientiert 54, 59-60, 76, 86, 88, 98
Konnektor 23-24, 31
konsensorientiert 54, 59-60, 88, 98
Konsequens 81-83
Kontext 2-3, 7, 25, 27, 60-61, 73, 84, 86, 99
Konzession 58-59
Koordination 12-13, 20, 30-31, 98
Level, argumentatives 12-13, 19
Logik 5, 75, 81
Makrostruktur 9-10, 12-13, 17-20, 30-31, 72, 84, 88-89, 98
Mikrostruktur 9, 13-15, 17, 19-20, 27, 30-32, 39, 41-42, 80, 85, 88-89, 98
Modalität 2, 56, 61, 63-64, 69, 73-74, 88, 98-99
normativ 74, 89, 99
Opponent 54-60, 76, 78, 86-87, 99
Prämisse, musterhafte zweite oder dritte 43-47, 50-51, 88, 99
Praktik 1-2, 8-9, 52, 58, 60, 65-68, 74, 88, 98-99
Quaestio 10
question, critical 77
Rekonstruktion 17, 20-21, 26-28, 31, 78, 88, 99
Rhetorik 52, 86
schlüssig 80, 98
Schluss, ungültiger 78, 80-82, 87, 98
Schlussfolgerung 5, 98
Sprechakt 2, 26-27, 31, 57, 59, 65, 69, 99
Standpunkt, musterhafter 43-45, 50-51, 88, 99
Subordination 12-13, 20, 30-31, 99
Textsorte 8, 18, 60, 68-71, 74, 88, 90, 99
Topos, argumentativer 45-47, 51, 70, 72, 88, 99
Transformation 17-19, 31, 99
Trugschluss 81, 98
Überzeugen 21, 52, 58, 87
Widerspruch 7, 53-54, 58-59, 98